名畫饗宴100

藝術中的窗景

Windows in Art

藝術家

前言

從圖像發現美的奧祕

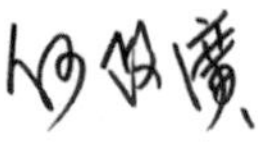

西方評論家將文藝復興之後的近代稱為「書的文化」，從 20 世紀末葉到 21 世紀的現代稱作「圖像的文化」。這種對圖像的興趣、迷戀，甚至有時候是膜拜，醞釀了藝術在現代的盛行。

法國美學家勒內．于格（René Huyghe）指出：因為藝術訴諸視覺，而視覺往往渴望一種源源不斷的食糧，於是視覺發現了繪畫的魅力。而藝術博物館連續的名畫展覽，有機會使觀衆一飽眼福、欣賞到藝術傑作。圖像深受歡迎，這反映了人們念念不忘的圖像已風靡世界，而藝術的基本手段就是圖像。在藝術中，圖像表達了藝術家創造一種新視覺的能力，它是一種自由的符號，擴展了世界，超出一般人所能達到的界限。在藝術中，圖像也是一種敲擊，它喚醒每個人的意識，觀者如具備敏鋭的觀察力即可進入它，從而欣賞並評判它。當觀者的感覺上升為一種必需的自我感覺時，他就能領會繪畫作品的內涵。

「名畫饗宴 100」系列套書，是以藝術主題來表現藝術文化圖像的欣賞讀物。每一冊專攻一項與生活貼近的主題，從這項主題中，精選世界名「畫」為主角，將歷史上同類主題在不同時代、不同畫家的彩筆下呈現不同風格的藝術品，邀約到讀者眼前，使我們能夠多面向地體會到全然不同的藝術趣味與內涵；全書並配合優美筆調與流暢的文字解説，來闡述畫作與畫家的相關背景資料，以及介紹如何賞析每幅畫作的內涵，讓作品直接扣動您的心弦並與您對話。

「名畫饗宴 100」系列套書的出版，也是為了拉近生活與美學的距離，每冊介紹一百幅精彩的世界藝術作品。讓您親炙名畫，並透過古今藝術大師對同一主題的描繪與表達，看看生活現實世界，從圖像發現美的奧祕，進一步瞭解人類的藝術文化。期盼以這種生動方式推介給您的藝術名作，能使您在輕鬆又自然的閱讀與欣賞之

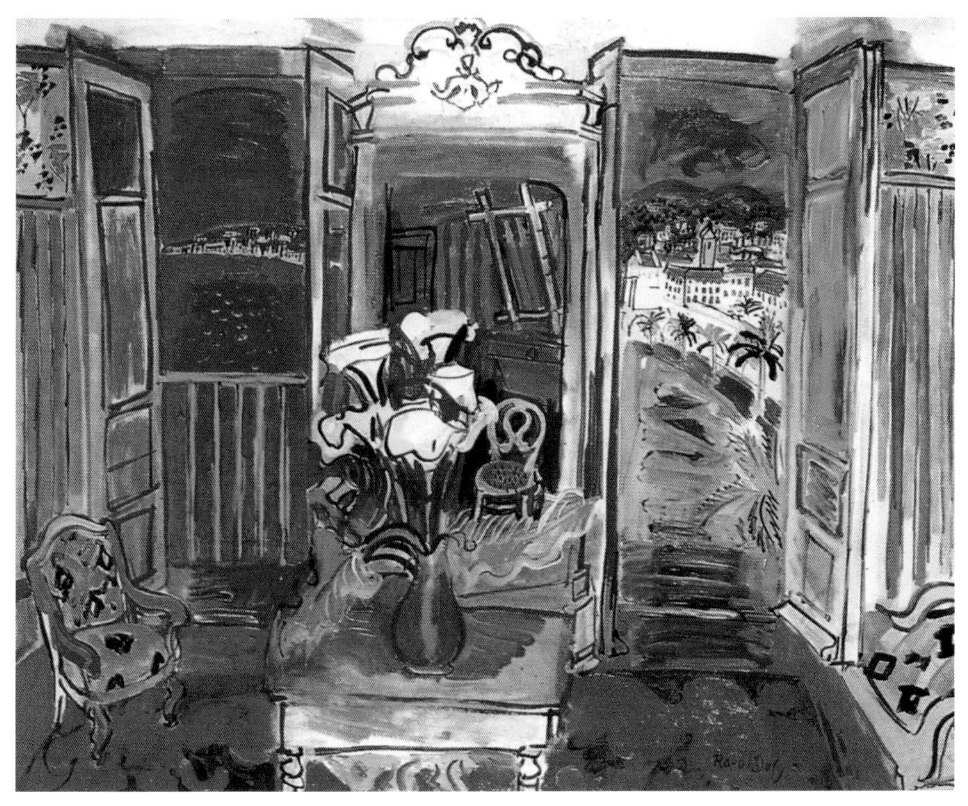

杜菲　有敞開窗戶的室內　1928 年　油彩畫布　66×82cm　私人收藏

中，展開您走進藝術的一道光彩喜悦之門。這套書適合各階層人士閱讀欣賞與蒐存。

《藝術中的窗景》精選世界各國藝術家以窗戶為題材的一百幅畫作，從 15 世紀尼德蘭畫家凡・艾克的名作〈阿諾菲尼夫妻的婚禮圖〉到 1998 年英國藝術家佛洛依德的〈大室內，諾丁山丘〉，各種以窗外風景、窗裡景象，甚至窗戶本身為主題的畫作，為「窗戶」這個一般僅視為構圖元素之一的物件，開啓了無邊的想像。在這裡，窗戶是光源、是延伸景象的手段、是畫中畫的巧妙設計、是畫家的視角、是景色的一部分、是連結近物及遠景的媒介、是和內心做為對照的外界……，它開向大自然，也反映著人的內心，傳遞了一種遙不可及的美感；而在本書中，窗戶更成為我們一窺藝術史上名家巨匠的精湛表現、多樣手法的窗口。

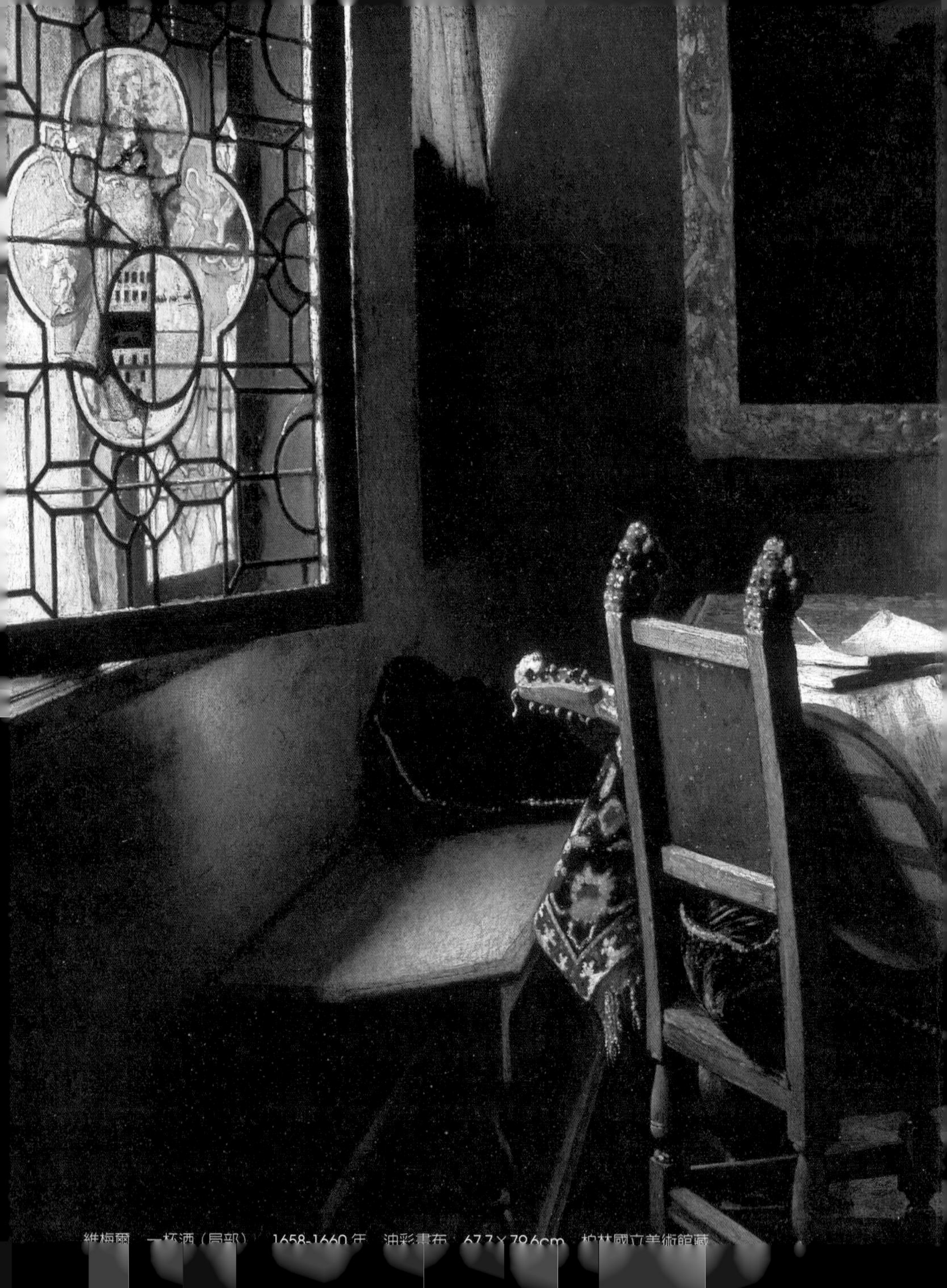

維梅爾　一杯酒（局部）　1658-1660 年　油彩畫布　67.7×79.6cm　柏林國立美術館藏

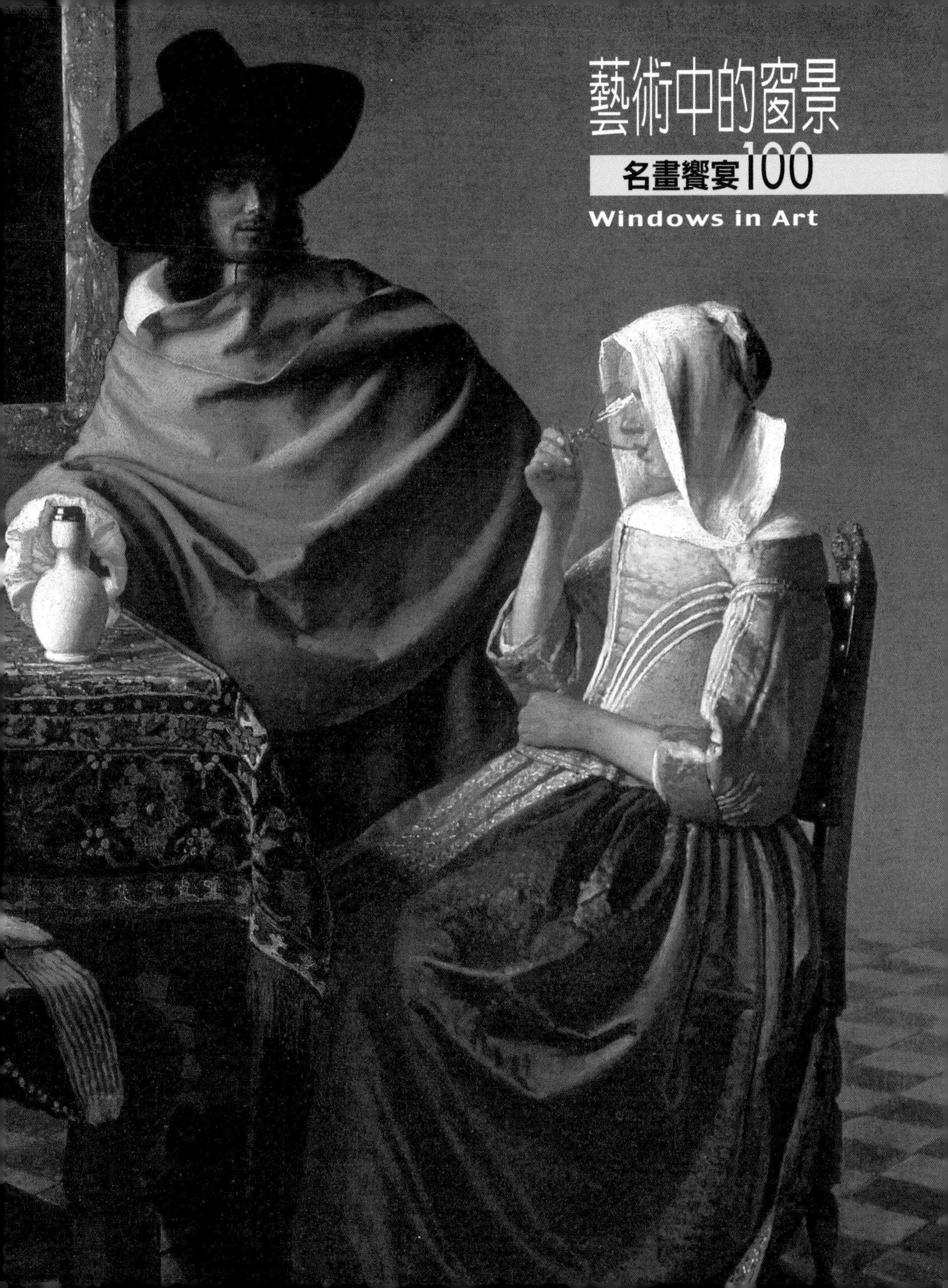

藝術中的窗景

名畫饗宴100

Windows in Art

目次

凡・艾克 (Jan Van Eyck, 1385-1441)
阿諾菲尼夫妻的婚禮圖

1434 年
油彩木板
82.2×60cm
倫敦國家藝廊

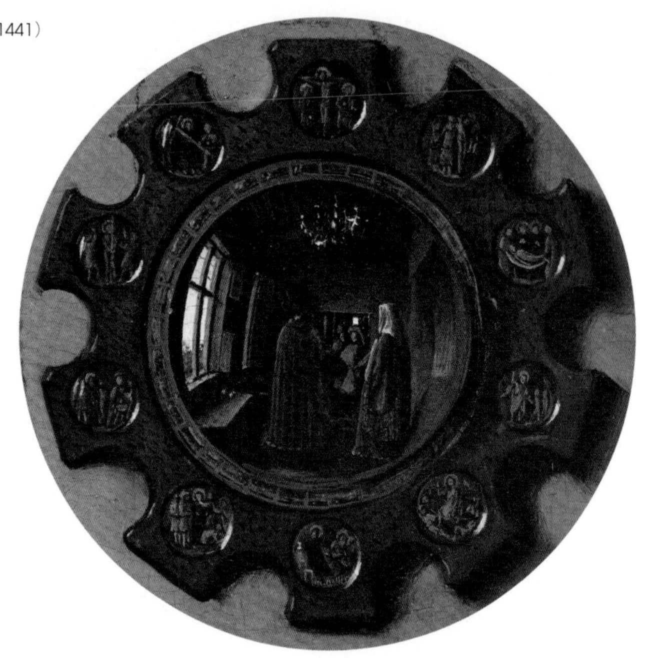

尼德蘭文藝復興美術早期的畫家凡・艾克，同時也是 15 世紀尼德蘭地區法蘭德斯畫派後哥德式繪畫的創始人。他以真實光影中的景深及人物，呈現出畫中惟妙惟肖的空間層次與氛圍，此畫構圖縝密複雜，卻又舒朗通透，予人深刻的印象。

凡・艾克畫過許多宗教畫，而這幅描繪阿諾菲尼夫妻婚禮的肖像畫，卻是他最廣為人知的作品，畫家利用窗外透進來的光線，精細描繪出室內身穿華服的兩位新人，新郎為比利時商人阿諾菲尼，他一手輕輕牽著新婚的妻子，站在這間充滿了象徵婚姻物象的房間之內，進行著一場結婚紀念儀式。嚴肅的畫面中繪有紅色布幔的臥床、象徵忠誠的小狗、窗邊桌上的橙橘，以及高背木椅上代表守護孕婦的瑪嘉烈特聖女雕像等等。

最引人激賞的微妙畫面是中央圓形的凸面鏡，它映現了當時室內另一個角度的實況。鏡中，隨著凸鏡微微彎曲的窗戶透出晶亮的光線，旁邊還出現前景畫面上看不到的結婚公證人身影，自然還有一對新人的背影。這類隱藏式的「畫中畫」，之後在西班牙大畫家維拉斯蓋茲的〈宮廷仕女〉一畫中，亦有異曲同工的表現。

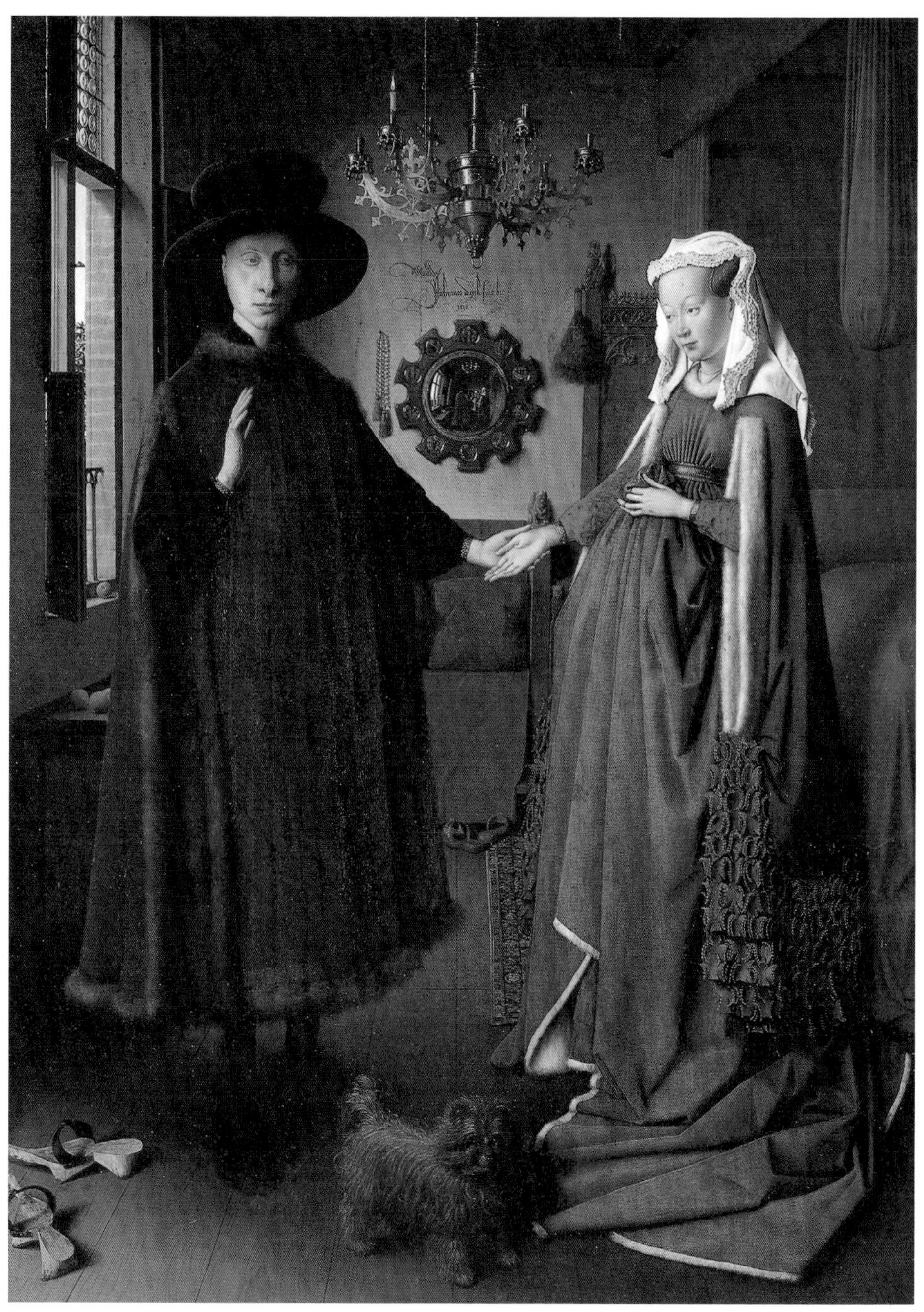

PLATE 2

康平

Robert Campin, 約 1378/9-1444

暖爐遮屏前的聖母子

約 1440 年
油彩蛋彩木板
63.4×48.5cm
倫敦國家藝廊

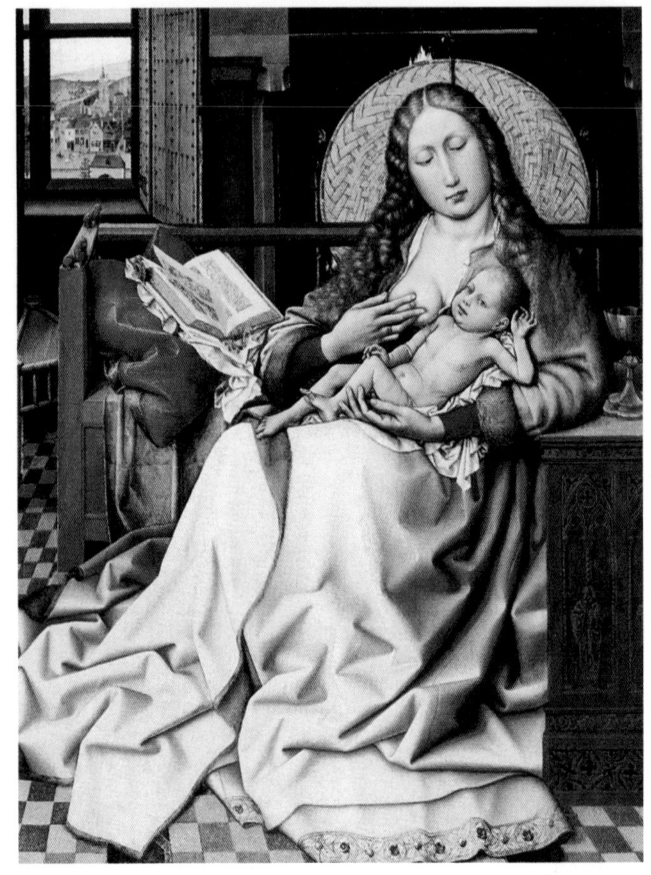

1420 年代，正當義大利出現文藝復興繪畫宗師馬薩喬的同時，尼德蘭繪畫也出現康平和凡．艾克為其時代首開風氣，進行繪畫改革，而在媒材、技法、風格和內容各方面均有驚人突破。從康平的這幅畫，已可看出這時候的畫作正醞釀著一股強烈的造形意識，畫家似乎正積極地尋求一種強而有力的造形語彙，透過新形式表達更深層的藝術精神。

康平在這幅聖母子的左上方，畫出從窗戶眺望城市建築的景觀，讓人知道聖母之家位居城外高地上，同時透過城市的主教堂來影射聖母，兼又做為天主之城的象徵。窗外的城市建築與遠山畫得非常寫實而細緻，從 15 世紀上半葉尼德蘭繪畫興起窗景的題材，康平的這幅畫，可說反映了此一特徵。

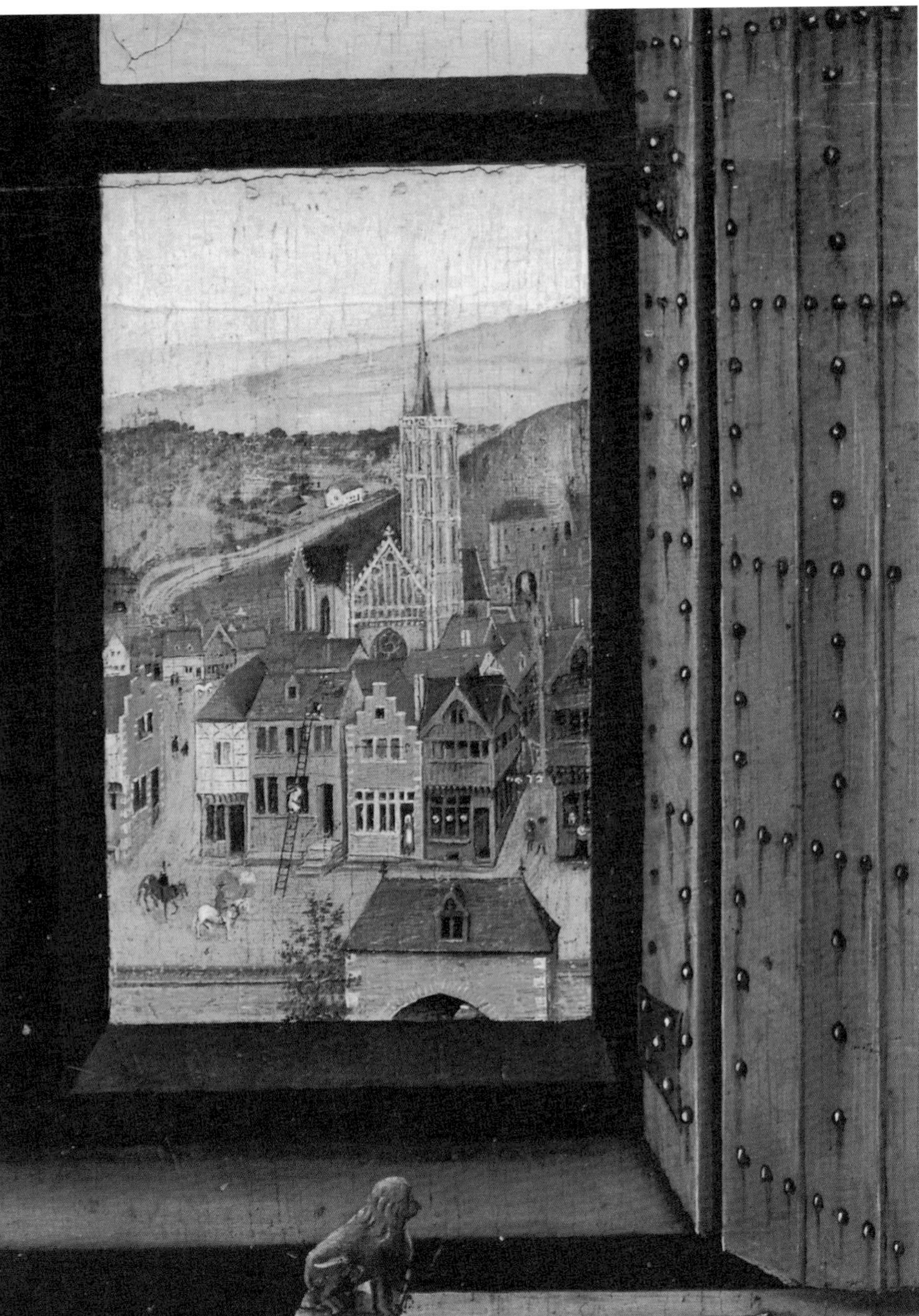

PLATE 3

范德・維登

Rogier van der Weyden, 1399-1464

閱讀的男人（聖伊佛）

約 1450 年
油彩木板
45×35 cm
倫敦國家藝廊

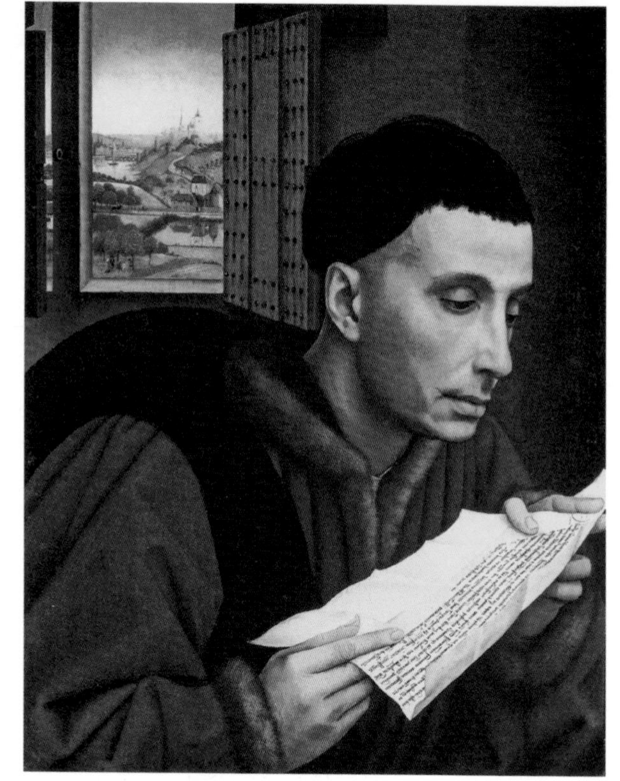

范德・維登與凡・艾克是同時代尼德蘭畫派的繪畫大師。而尼德蘭地區包括現今荷蘭、比利時、盧森堡和法國東北部一帶。因為地理條件優越，中世紀時期又因商業發達，發展快速，進而促進了文化藝術的興旺，尼德蘭畫派得以形成並創造了輝煌的成就。

15 世紀時，繪畫主要的功能多在於服務宗教，即便肖像畫也著眼於實用功能，范德・維登所作的〈閱讀的男人（聖伊佛）〉，是取景房間裡的一個角落，簡潔的構圖呈現一位閱讀的修行人神態，修行人背對著一扇窗戶，景深悠遠，使悶閉的前景得以延續到戶外的舒朗綠野，畫家卻讓主角人物以 3/4 側身角度背對著窗戶、光線投照出他專注的表情。

此畫作讓我們看到當時代較新的構圖方式，與一般宗教肖像畫不太相同，據傳畫家真實的本意，是要表明此修行人背對窗戶，即是暗喻棄絕窗外的塵世誘惑、潛心修道的決心；窗裡窗外，實則呈現修行人精神上的兩種世界。

PLATE 4

維梅爾

Johannes Vermeer,
1632-1675

音樂課

1662-65 年
油彩畫布
73.3×64.5cm
英國皇家收藏

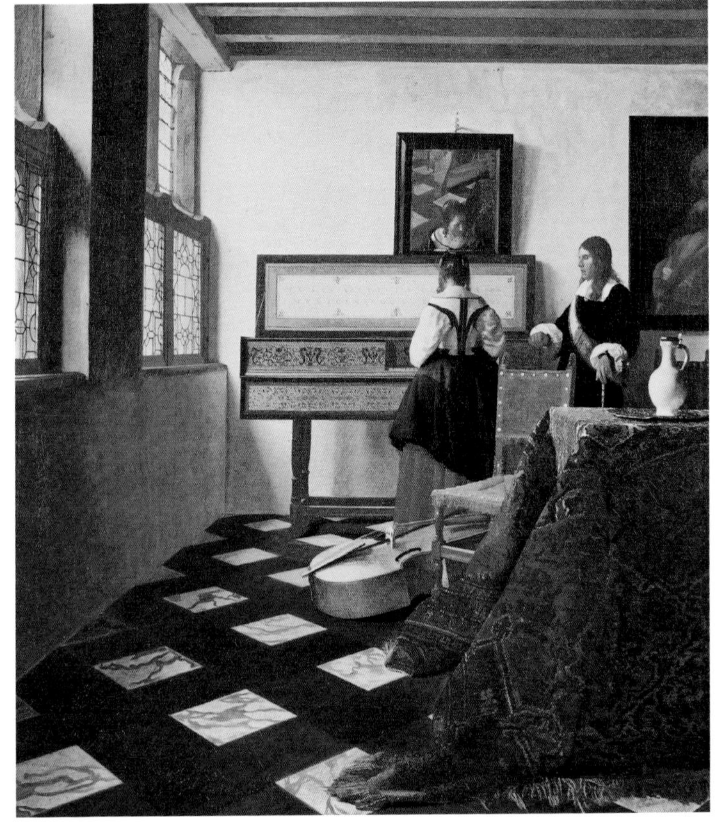

一間敞亮的琴室裡，方形窗格與地面的黑白方格鋪面，再加上長方型的琴座，幾乎就佔光了左半邊畫面；兩位主角人物──少婦及樂師，僅安排在畫面右上角的區塊裡，前景右下方被垂落至地面的桌布占滿。於是，右密左疏的構圖裡，穿越紅布、白瓶、灰椅、棕色提琴，延伸至兩位人物，這種類似相機運鏡般、層層逼近主題的構圖空間，宛如帶著觀者隨同視線向前，而產生出一種窺視的情緒。

這幅「音樂課」，據說是畫家維梅爾借著音樂（愛的養料）來暗喻世俗的愛，兩人的會面，少婦的臉龐僅反射在琴座上方的鏡子中，含蓄而巧妙。

畫家維梅爾是 17 世紀荷蘭黃金世紀大師，也是偉大的風俗畫家，他存世的作品極少，確知的大約僅三十五幅，但他大多數的畫面上有個共通點，即是特別喜歡取景左邊採光的窗戶。

梅茲（Gabriel Metsu, 1629-1667）

讀信的女人

約 1664-66 年
油彩木板
52.5×40.2cm
都柏林愛爾蘭國家藝廊（右圖）

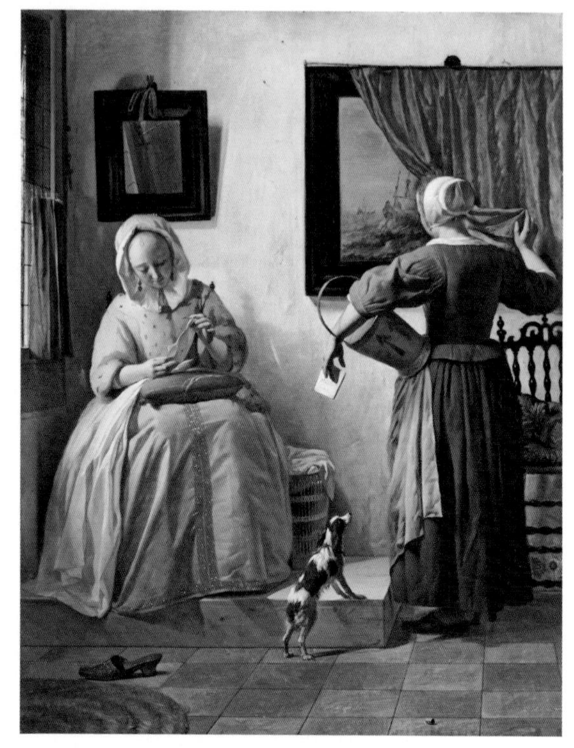

寫信的男人

約 1664-66 年
油彩木板
52.5×40.2cm
都柏林愛爾蘭國家藝廊（右頁圖）

梅茲是荷蘭 17 世紀中期的繪畫大師，但今天他在世上的名氣，顯然比維梅爾低落甚多；不過 18、19 世紀時，據聞其名聲及受市場歡迎的程度，可是遠比維梅爾隆盛，甚至傳說維梅爾的畫作，當時還須假借梅茲之名，才得以賣出高價。由此可見，歷史雖然記錄實況，但每位人物的影響力及後世評價，還是會隨著潮流與機運而轉彎的。

同時代、同地域的畫家之間，彼此相互影響學習是難免的，但梅茲與維梅爾的畫作，雷同指數確實超乎尋常；以〈寫信的男人〉與前圖相比較，同樣是畫左窗採光、黑白格紋鋪地、紅花厚重大桌布占據畫面前景，如不細瞧，一時之間還真難以分辨出，哪張畫是出自哪位大師之手？

梅茲慧心巧思，畫筆下將當時社會百態如實記錄，年少時曾被譽為神童。梅茲的才華在善於掌握住瞬息的空間，運用視覺效應，帶領觀者進入其畫中情境。這幅〈寫信的男人〉與〈讀信的女人〉是呼應的一對作品，畫中光線的描繪，真實而細膩，寫實功力一流。

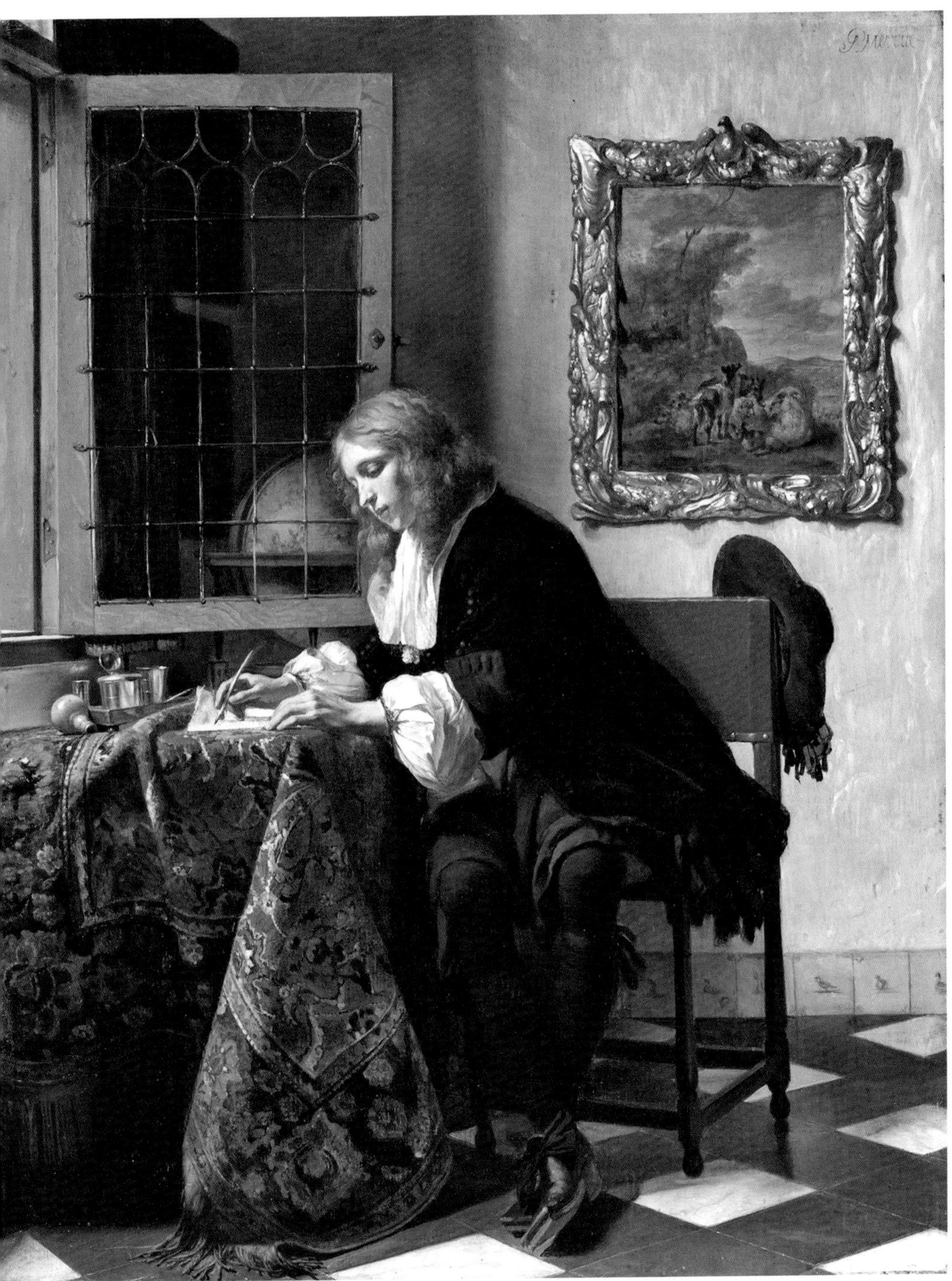

PLATE 6

維梅爾（Johannes Vermeer, 1632-1675）

地理學家

1669 年

油彩畫布

52×45cm

法蘭克福施特德爾博物館

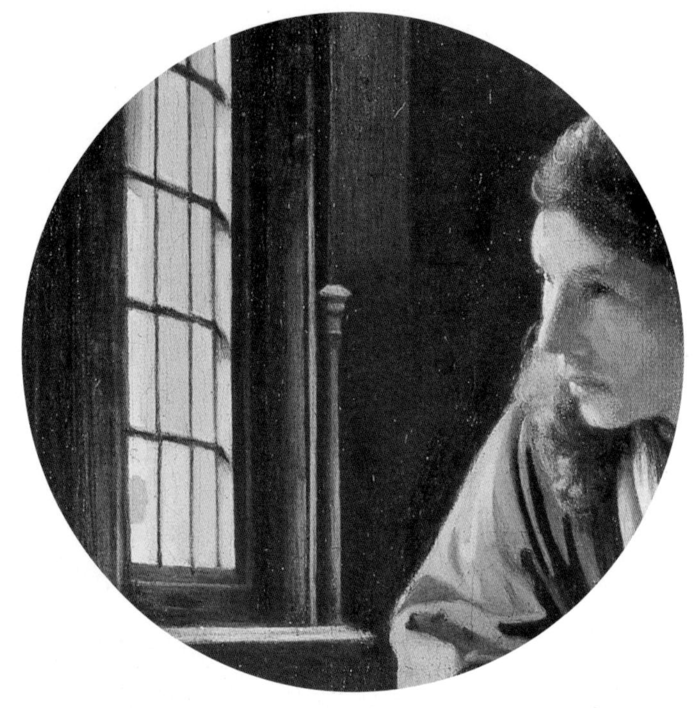

這幅畫中，亮眼的光線穿過窗櫺、照射到屋內，以致整個房間裡流瀉著暖烘烘的空氣。背景高櫃上的地球儀，暗喻畫中主角的身分，再加前景的桌面上掀起厚實的桌布，露出厚重的大書，地理學家一手捏著測量角規，似乎碰到了難題，揚臉迎光，凍結姿勢，彷彿整個人落入思考，化為永恆的瞬間。

這就是 17 世紀著名的荷蘭畫家維梅爾，留住瞬間、告訴我們的故事。畫家傳世的作品極少，僅約三十五幅，但因著〈戴珍珠耳環的少女〉一作的盛名，被寫成小說及拍成電影，至今受到全世界眾多觀賞者的鍾愛，讀他的畫，宛如被帶入時光隧道，欣賞一幅 17 世紀跨越到 21 世紀的傳奇。

維梅爾畫作一向以精緻細膩著稱，描繪生活中的親切場景，停格在觀眾眼前。例如倒牛奶的女僕、寫信的女郎、調情的人間男女等等。

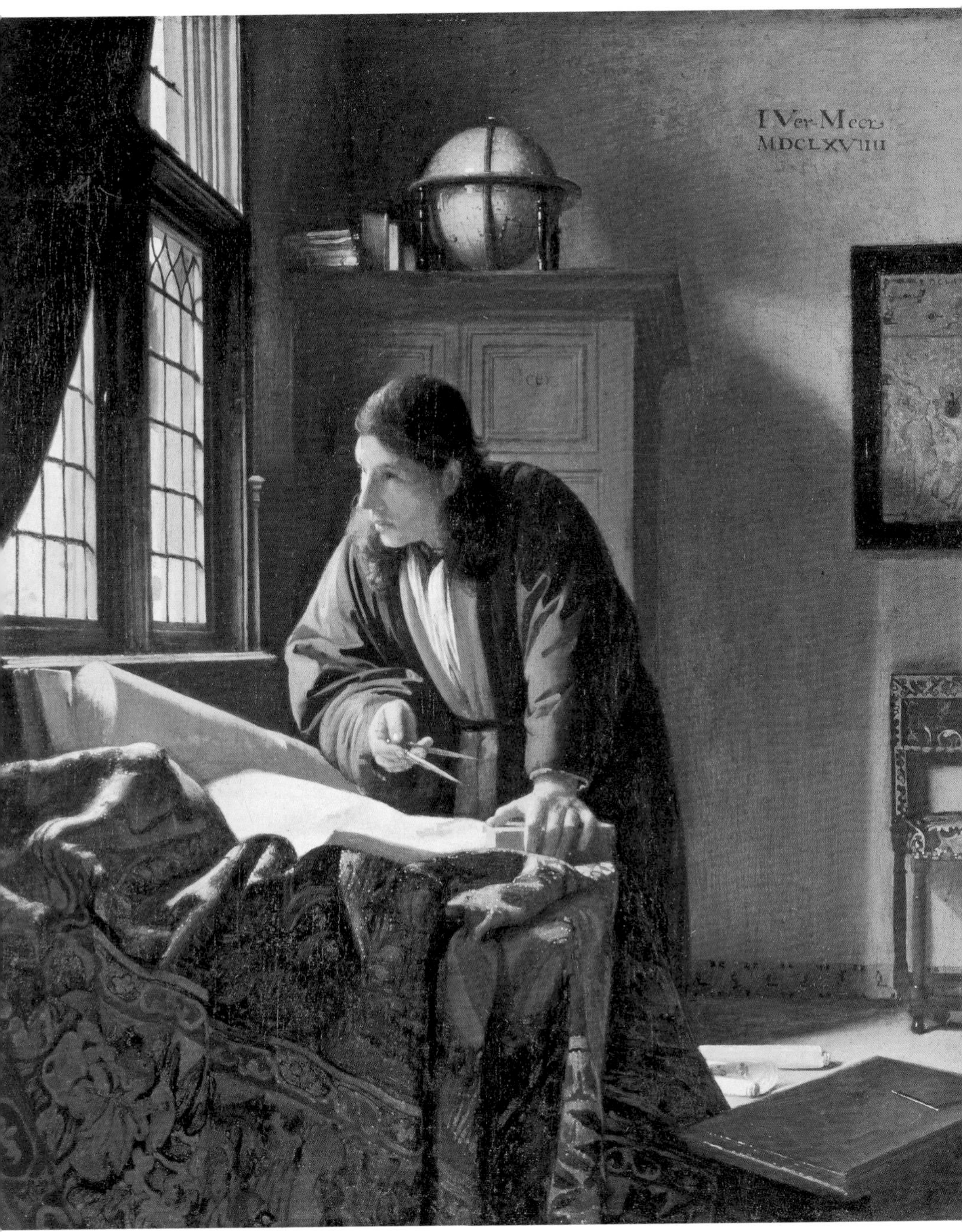
I Ver-Meer
MDCLXVIIII

PLATE 7

牟里尤（Bartolomé Esteban Murillo, 1617-1682）
窗口兩名女子

約 1655/1660　油彩畫布　125.1×104.5cm　華盛頓國家畫廊

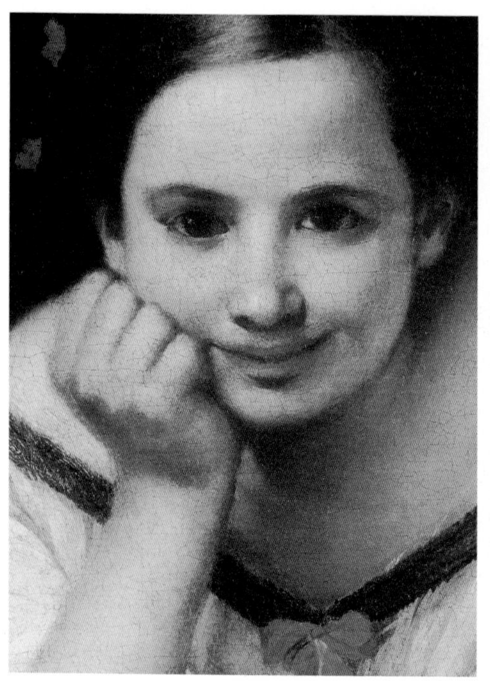

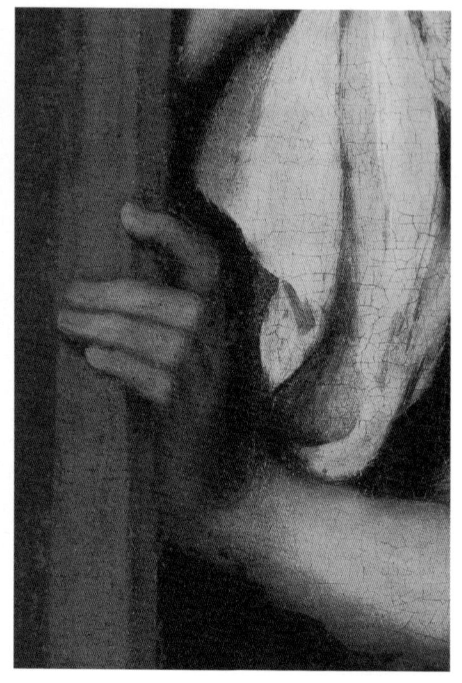

牟里尤為 17 世紀西班牙黃金時代巴洛克風格繪畫的代表性大師。畫風具有寫實主義的傾向，描繪手法富於真實感，尤以畫兒童及流浪者的風俗畫最有名。

此畫取景一扇窗口，有兩名貌美女子臨窗外望，年輕的女郎十來歲的模樣，面容姣好、嘴角帶笑，她的穿著即便在今天看來依然時髦，胸口一朵紅花與髮際兩點紅影，散發著青春年華的嬌美與嫵媚。另一名女子年齡稍長，靦腆地用頭巾遮住臉孔下方，側身向外偷望。此畫原來的名字是〈兩位加利西亞女子〉，暗指低下階層放蕩女僕的意思。在那個年代的西班牙，稱呼「不道德的女人」為窗口女人。

牟里尤這幅構圖清爽的畫作，尺寸卻是以真人大小呈現，並以對角線構圖切開畫面，一半暗沉、幾乎沒有筆觸，格外襯托主角的明麗。

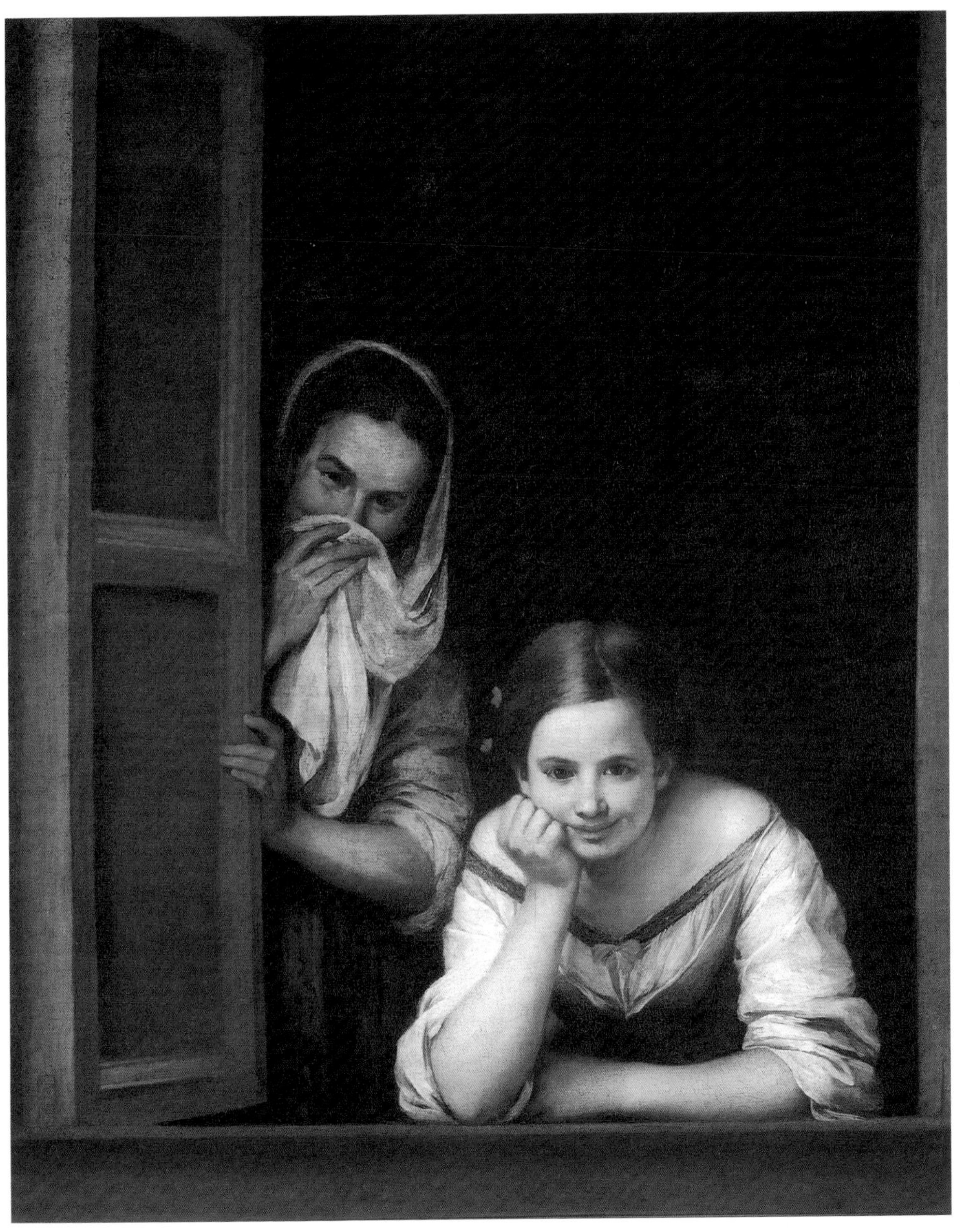

維梅爾（Johannes Vermeer, 1632-1675）

寫信的女人，女侍在側

約 1670 年
油彩畫布
71.1×60.5cm
都柏林愛爾蘭國家藝廊

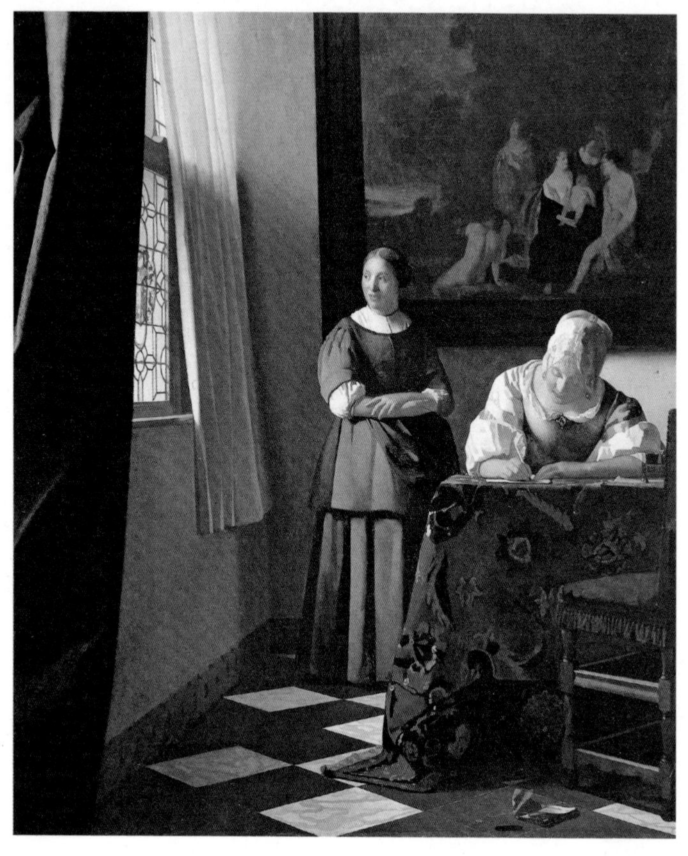

角色變換，維梅爾帶領我們走入另一間密室，房間內有著兩位女子，左邊女僕穿著的一人，雙臂交疊，臉孔望向窗外，這扇窗占據畫面的份量不大，左前方還有暗色布幔掩遮，但光線明亮，將屋內兩人迎光的臉清楚呈現。

女僕無聊地隨侍女主人身旁，而女主人頭戴當時流行的帽飾，提筆正在寫信，呈現維梅爾一貫優雅細緻的風格，娓娓道出 17 世紀一個女人居家生活的一幕。

當 21 世紀的觀者面對這張畫時，除了服裝的不同，似乎沒有任何隔閡與難解，這就是跨越時空人們生活的常態，親切之情油然而生。

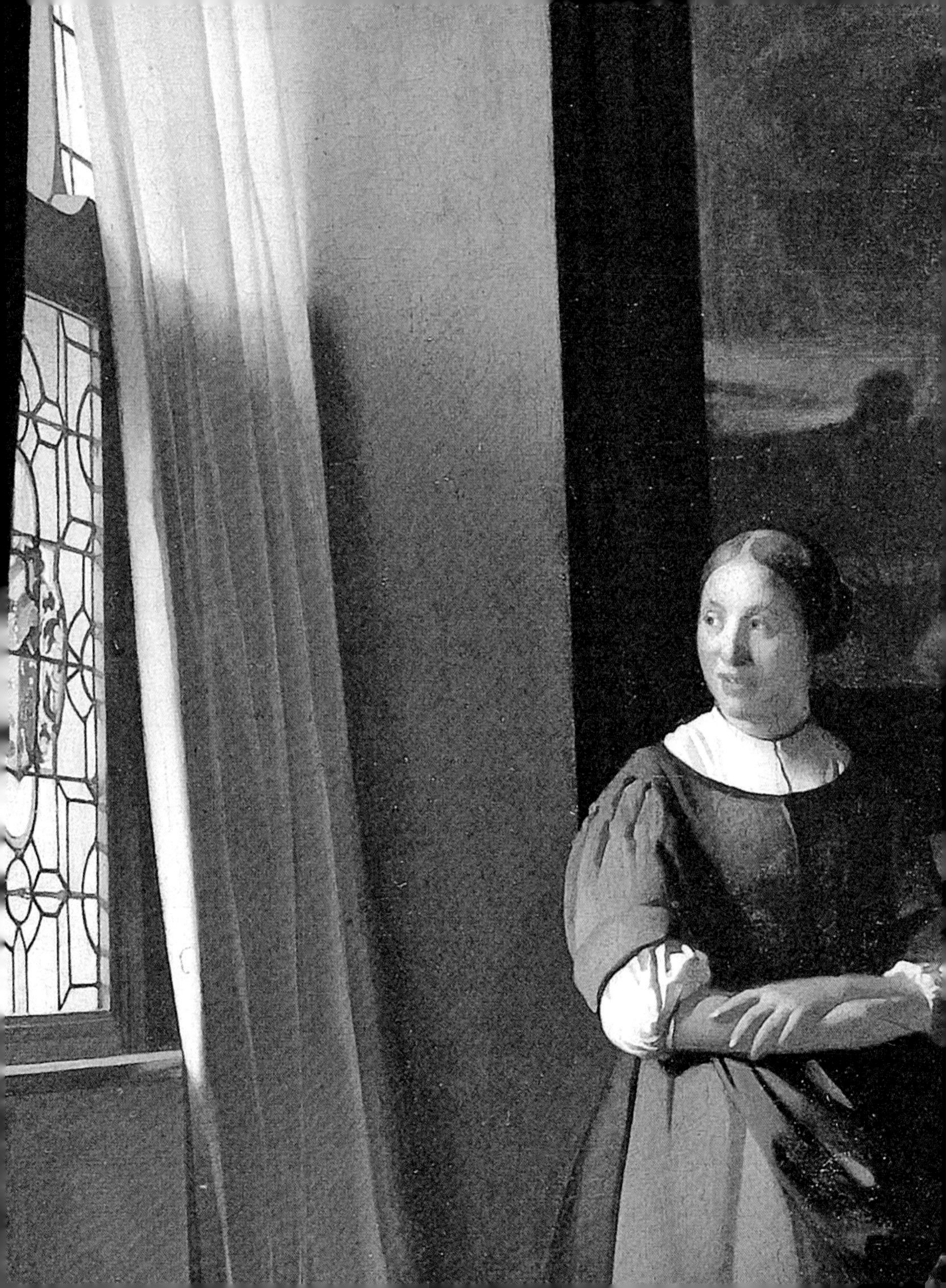

PLATE 9

霍赫

Pieter de Hooch,
1629-1684

年輕女人與佣人

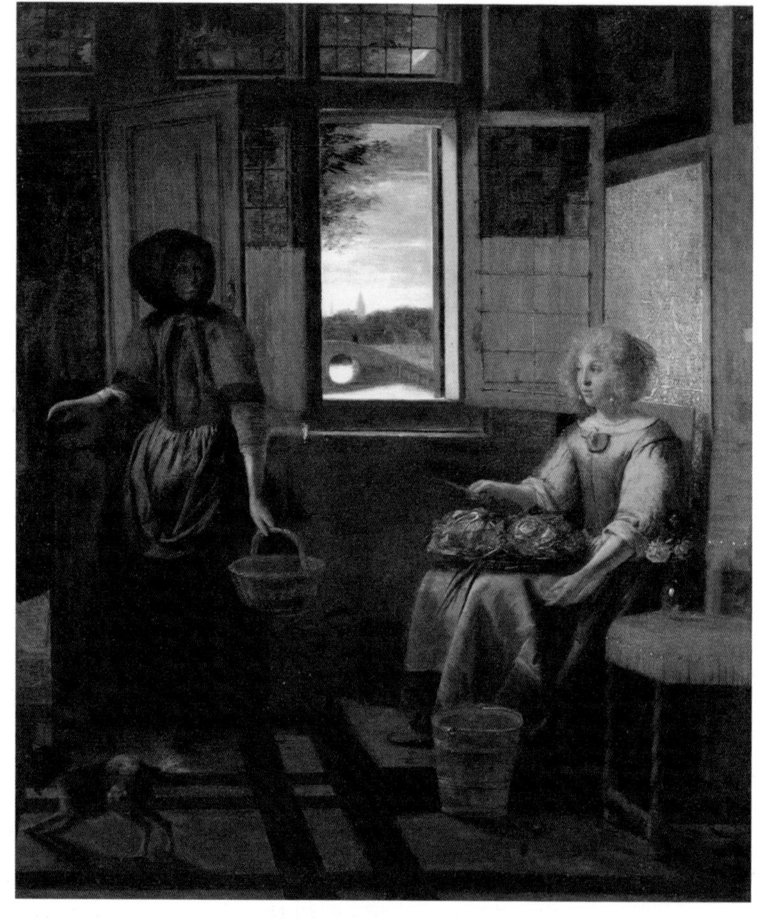

1680 年
油彩畫布
65×55cm
法國里爾美術館

〈荷蘭家的室內〉、〈黃昏時的室內〉和〈年輕女人與佣人〉等傳統名稱的繪畫，都是霍赫的名畫，主題雖未明示，但各張畫中都有窗景。

這幅畫描繪女主人指示佣人處理從市場買回來的食物的情景，從打開的窗戶，可以見到運河風景，夕暮黃金色的陽光照亮室內空間，呈現靜謐的詩情。

霍赫喜歡採用典雅、高貴的色調，描繪安靜的庭院和陽光充足的房間，文雅的主人和小孩是這些畫面的主要角色，反映著和平安靜的市民生活。他對房屋、磚牆和舊木門等細膩逼真的刻畫十分令人欽佩。霍赫是 17 世紀中葉小荷蘭畫派的代表畫家之一。

梵羅（Carle Van Loo, 1752-1765）

喝咖啡的蘇丹王后　1755 年　油彩畫布　120×127cm　聖彼得堡冬宮美術館

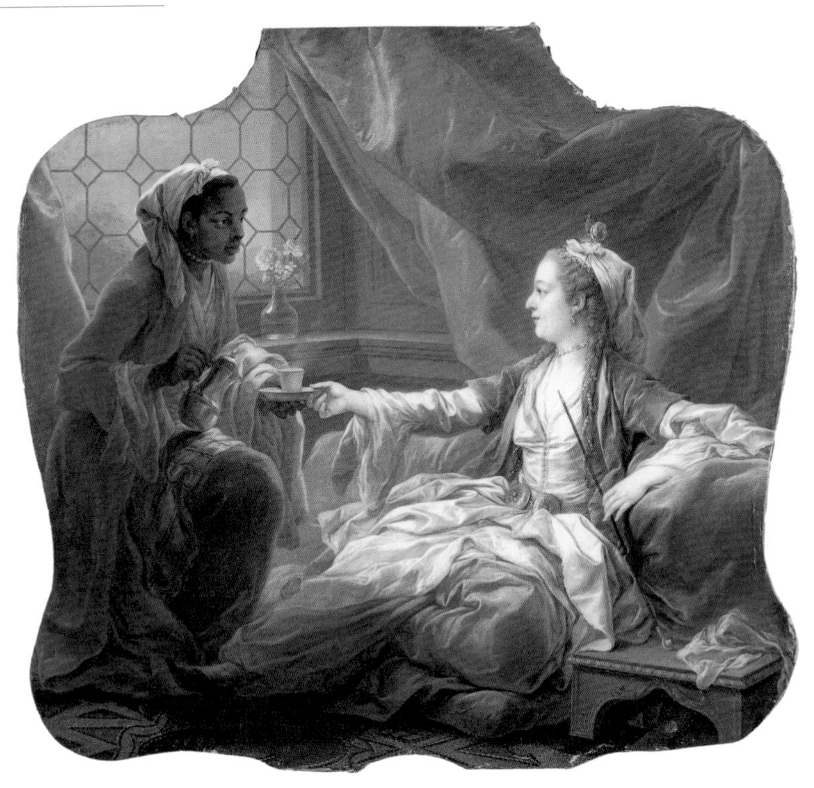

梵羅是法國人像畫家，哥哥是尚－貝普提斯特・梵羅（Jean-Baptiste van Loo）、爺爺是雅各布・梵羅（Jacob van Loo），也是畫家。梵羅是一群成功的荷蘭裔畫家中最出名的一位，他出生於法國尼斯，1712 年和哥哥尚－貝普提斯特一起到都靈及羅馬，向畫家魯提（Benedetto Lutti）及雕塑家勒格羅（Pierre Legros）學習。1723 年兩人離開義大利後，梵羅開始在巴黎從事繪畫，並在 1727 年得到歷史畫首獎。1735 年他成為法國皇家繪畫與雕塑家學院的院士，並在學院中快速晉升，1762 年成為法國路易十五的首要宮廷畫家。

這幅畫描繪一位坐在窗邊正要喝咖啡的宮廷貴婦，光線從窗外照進室內，時間是在午後，暖色調的色彩使得畫面輝映出柔和的氣氛。

PLATE II

菲特烈

Caspar David Friedrich, 1774-1840

畫室右窗景

約 1805-06 年
褐墨畫紙
31.2×23.7cm
維也納美景宮（右頁圖）

畫室左窗景

約 1805-06 年
褐墨畫紙
31.4×23.5cm
維也納美景宮（右圖）

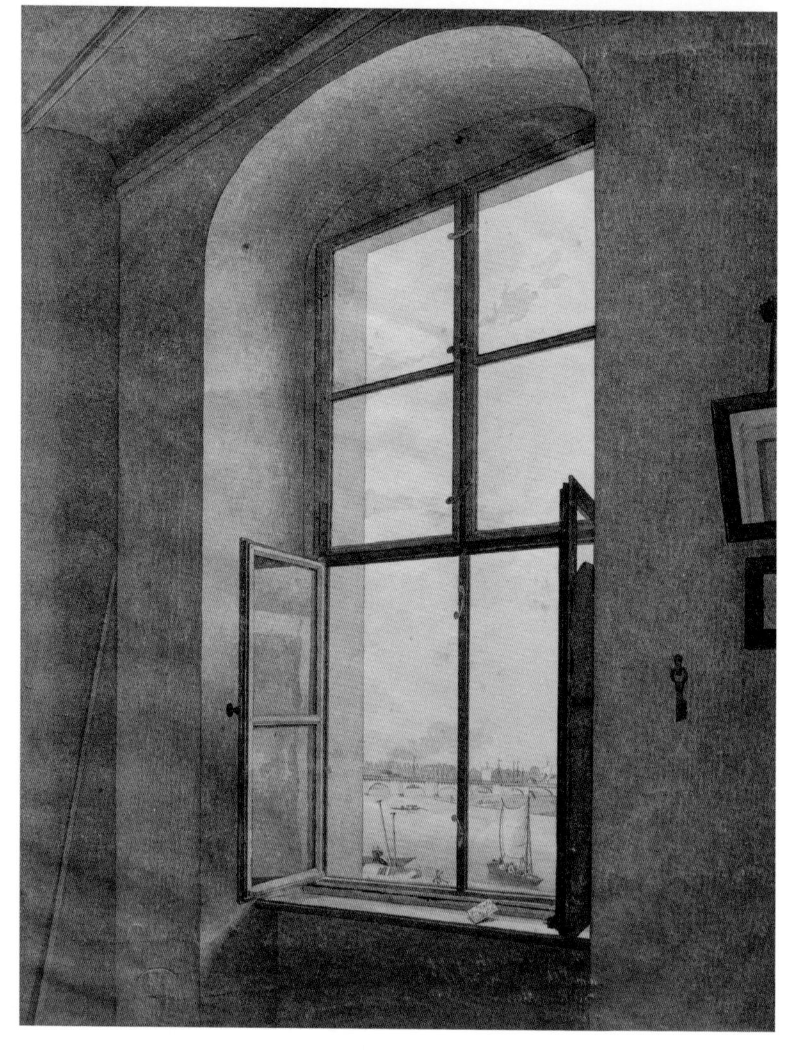

時空是 19 世紀初葉的北歐，窗景是當時浪漫主義流行的主題。此作，窗外是易北河流域被定格的一窗風景；畫家菲特烈的工作室就位於德勒斯登。因為冬季酷寒，厚實的牆壁可以不畏寒風，阻擋冷空氣滲進屋內；天氣好時，厚牆嵌窗的景色，如同裝了畫框的畫，更增美感，使窗景格外怡人。

菲特烈這兩幅窗景，一幅畫他畫室內的左窗，一幅則畫右窗；類似的兩幅畫面呈現一種難言的寧靜與孤寂，彷彿讓人感受到時間很緩

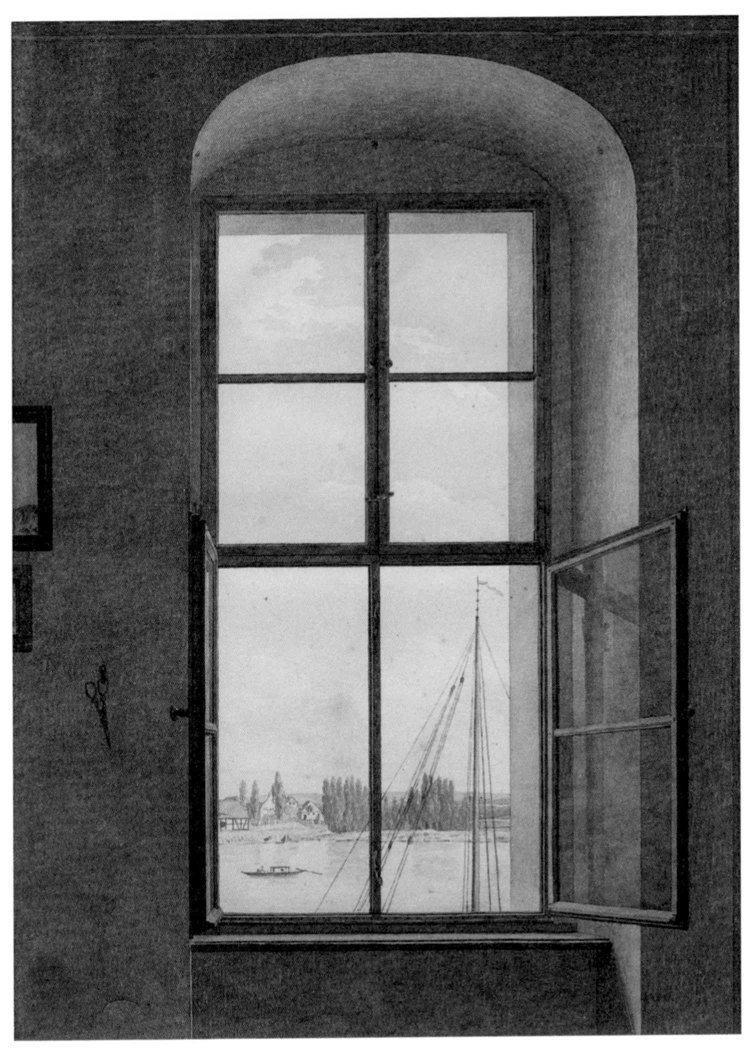

慢地在流淌著，窗外船隻靜靜地從一窗渡到另一扇窗，再航向遠方。試想畫家坐在室內畫窗時的心情，那已是兩個世紀前的心情，但畫作流傳至今，菲特烈依然帶著我們進入他的房間，穿過他畫室的窗，分享他生活中奇妙的一刻，這種穿越時空的心靈交流，是何等奇妙啊！

菲特烈是德國浪漫主義風景繪畫大師，擅長描繪天地間靜謐的美感，以及自然萬象的細膩層次，詮釋出一種生命裡最深沉、無可言說的美感。

PLATE 12

德羅林（Martin Drolling, 1752-1817）

有聖厄斯塔斯景觀的室內

約 1810 年
油彩畫布
72.5×58.5cm
巴黎歷史博物館

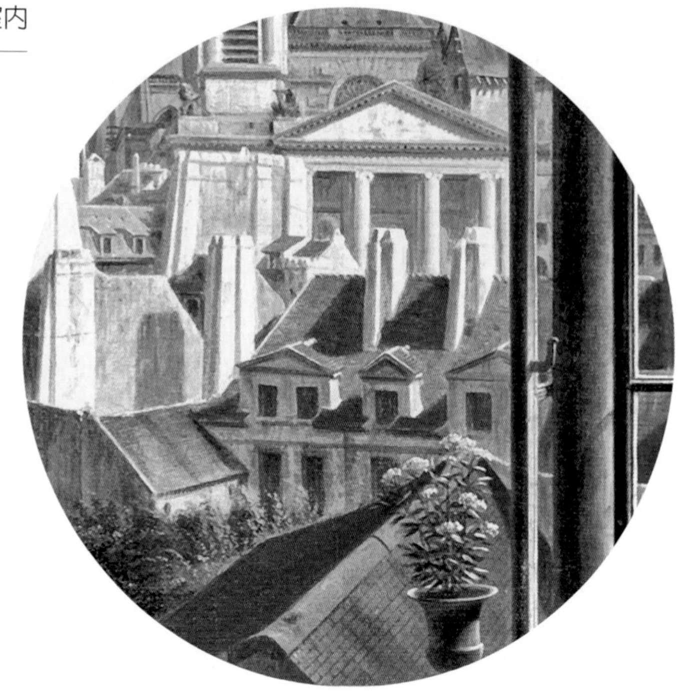

19 世紀時，浪漫主義的繪畫常借「窗戶」來表現出不同的氛圍，在前一兩個世紀之前，窗戶在畫面中的地位，僅常出現在畫布中的一角，但到了 19 世紀，窗戶的構圖多見與畫布平行，讓觀者可以直通通看到窗外的景色。

法國畫家德羅林的這幅畫，呈現出部分屋內的擺設及當時人們日常生活中的情景；但這些並非他著墨的重點，德羅林藉由打開的窗戶所引入的光線，顯現屋內部分物體的輪廓線，而真正清晰明亮的卻是窗外的建築。這種在畫作中敞開窗戶，一如嵌入另一塊小畫布的「畫中畫」效果，相當有趣。

同時，畫家以窗戶來連接近景與遠景，傳遞一種遠處光明美好的遙想。德國浪漫主義作家諾伐里斯（Novalis）曾說過：「在一定的距離之外，所有的事物都成為詩歌，遠山、遠距的人、遙遠的事，也全都變得浪漫起來。」

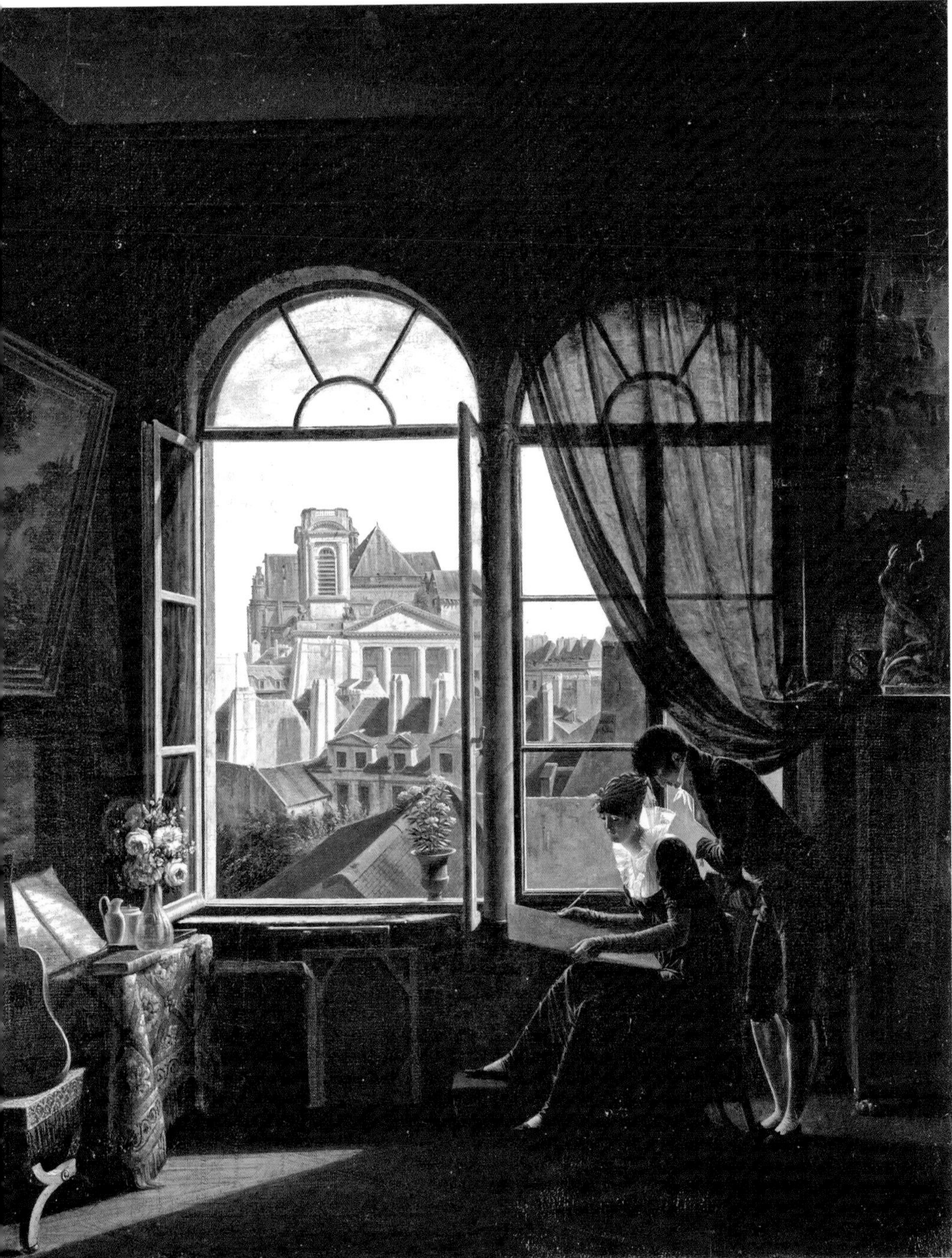

PLATE 13

克爾斯汀

Georg Friedrich Kersting, 1785-1847

畫室裡的菲特烈

1811 年
油彩畫布
54×42cm
漢堡美術館 （右圖）

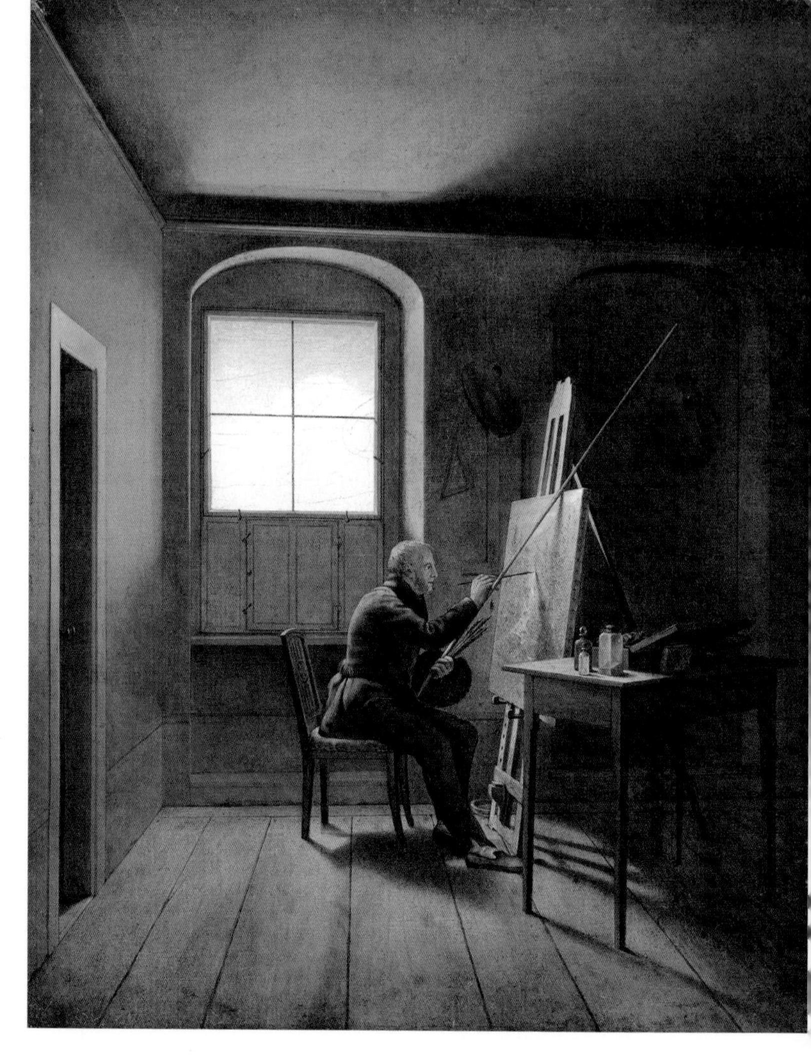

畫室裡的菲特烈

1812 年
油彩畫布
51×40cm
柏林國立美術館
（右頁圖）

從前面的圖 11，菲特烈帶我們欣賞他畫室裡的窗景；而這一組克爾斯汀的畫作，更帶我們登堂入室，讓觀者從近距離看到菲特烈是如何作畫的。克爾斯汀描繪出他景仰的畫家菲特烈，這在當時，畫家彼此互相畫下畫室的情景是常有的事。

兩幅〈畫室裡的菲特烈〉，其中菲特烈人在中間位置的那一幅，觀者可以看到他作畫時的專注神情及部分畫面；另一幅，他人已站到畫面左邊，手持調色盤、身體靠著椅背，聚精會

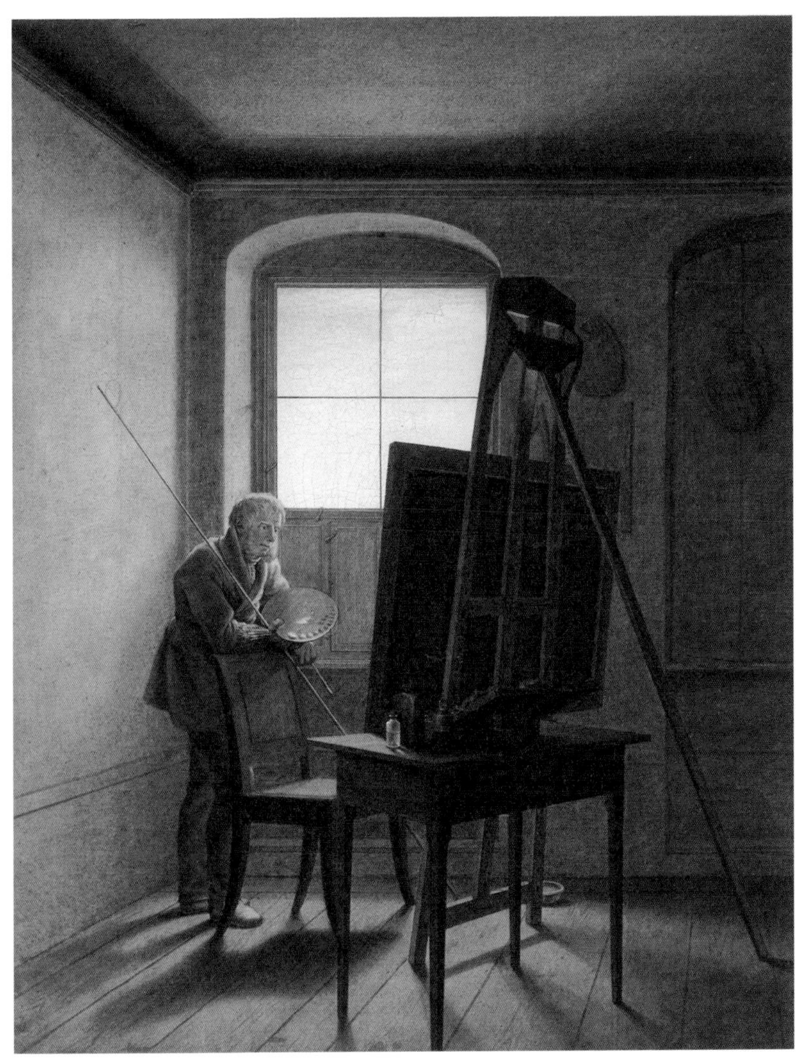

神地審度著自己的畫作，可惜觀者已看不到畫的正面。

兩幅作品的採光均來自從窗戶射入室內的光源，光線灑在地板上，拖出長長的影子，使畫面豐富起來。

而畫中也反映出那個時代畫家作畫的一種傳統習慣：即窗戶的下半部以板子擋住，這個道理據說是因為當時畫家所受的訓練，光源必須僅以上方照射下的光線來作畫。

PLATE 14

大衛（Jacques-Louis David, 1748-1825）

邱比特與賽姬　1817 年　油彩畫布　184.2×241.6cm　俄亥俄州克里夫蘭美術館

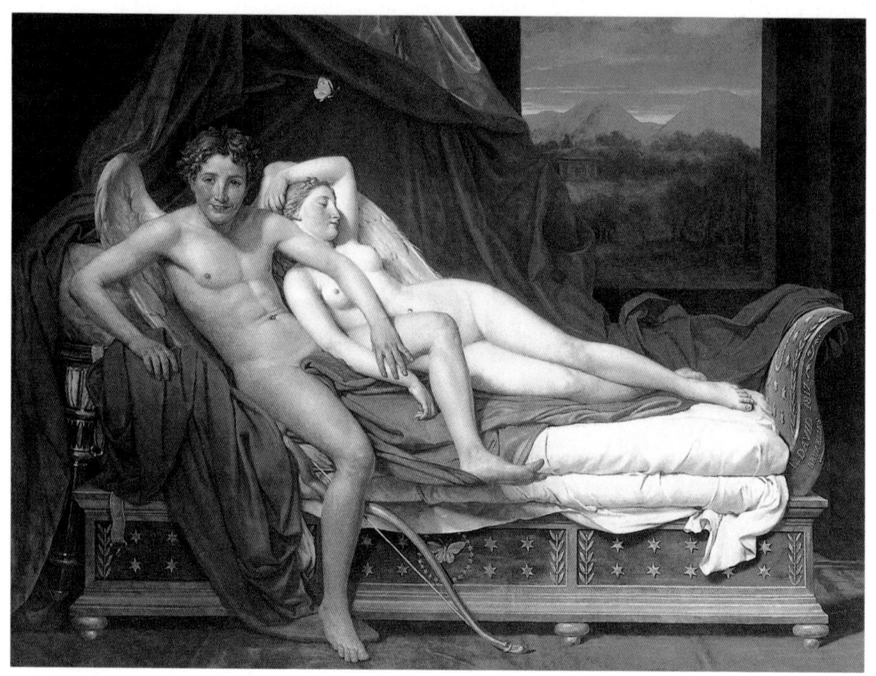

希臘神話中，愛神邱比特愛上了人間女子賽姬，他把她帶到自己的宮殿中，但只在晚上才到賽姬的房間，且不許她看他的臉。有次賽姬禁不住姊姊們的慫恿，偷看了邱比特睡夢中的臉，邱比特一氣之下離開了她。為了追回愛人，賽姬造訪諸神的宮殿，吃盡維納斯給的苦頭，好不容易才與邱比特破鏡重圓，並晉升神格。

這幅畫描繪的是不想被看見臉的邱比特，想趕在天亮之前溜走的那一刻。窗外，天色正要亮起來，但賽姬的身體壓住了邱比特的翅膀，一隻手也還搭在他腿上，動彈不得的邱比特只好露出不知該如何是好的尷尬笑容。另有一說是，大衛作畫前才參考了一首剛出版的希臘詩作，決定一改邱比特的清純形象，把他描繪成一個攻佔芳心後、露出得意笑容的小壞蛋。

無論哪種解釋，此畫都代表了大衛在主題上的轉折。作此畫時，支持拿破崙的大衛正因滑鐵盧之役失利而自我流放至布魯塞爾，或許是對政治灰心，他不再碰觸與政治相關的大場面，神話故事於是成了他晚期畫作的主要題材。

PLATE 15

科尼埃

Léon Cogniet, 1794-1880

藝術家在羅馬梅迪奇別墅的房間

1817 年

油彩畫布

44.5×37cm

俄亥俄州克里夫蘭美術館

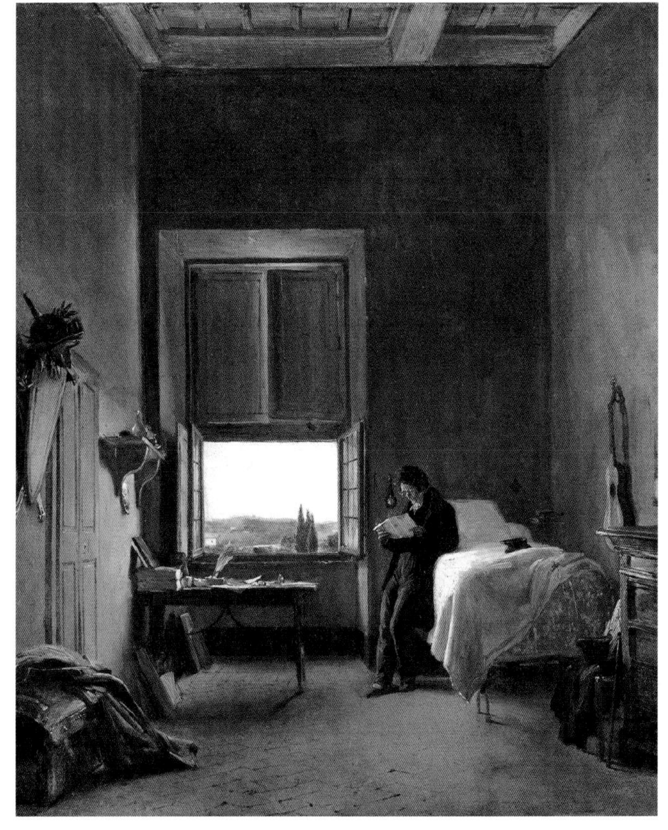

科尼埃為 19 世紀法國學院畫家，1817 年獲得羅馬獎，並進入梅迪奇別墅工作，在那裡的五年間，他每年都要創作出一幅歷史畫，交予官方審核。

這幅畫是科尼埃進入梅迪奇別墅後所畫的第一幅畫，描繪的是他剛安頓下來時，在房間裡收到第一封家書的情景。左方門邊掛著的盾牌、頭盔和劍，即代表著科尼埃做為進駐畫家的身分和義務。除了畫出房內的家具擺設和倚著床邊讀信的自己，科尼埃還將窗戶打開，彷彿在邀請觀者一起欣賞窗外的風景。抵達別墅不久後，他在一封信上這麼寫道，「你問我這裡的古代雕刻品、大師畫作和羅馬人的面相，哪個最吸引我，我認為最吸引我的其實是自然美景，不只是我住處周圍的風景，還有從離開法國國境一路以來的風景」，顯示雖然主要以歷史畫見長，科尼埃對自然風光也十分注意。

胡麥爾（Johann Erdmann Hummel, 1769-1852）

位在柏林的起居室　約 1820-25 年　水彩、筆墨、畫紙　40.6×52.8cm　法蘭克福應用藝術館

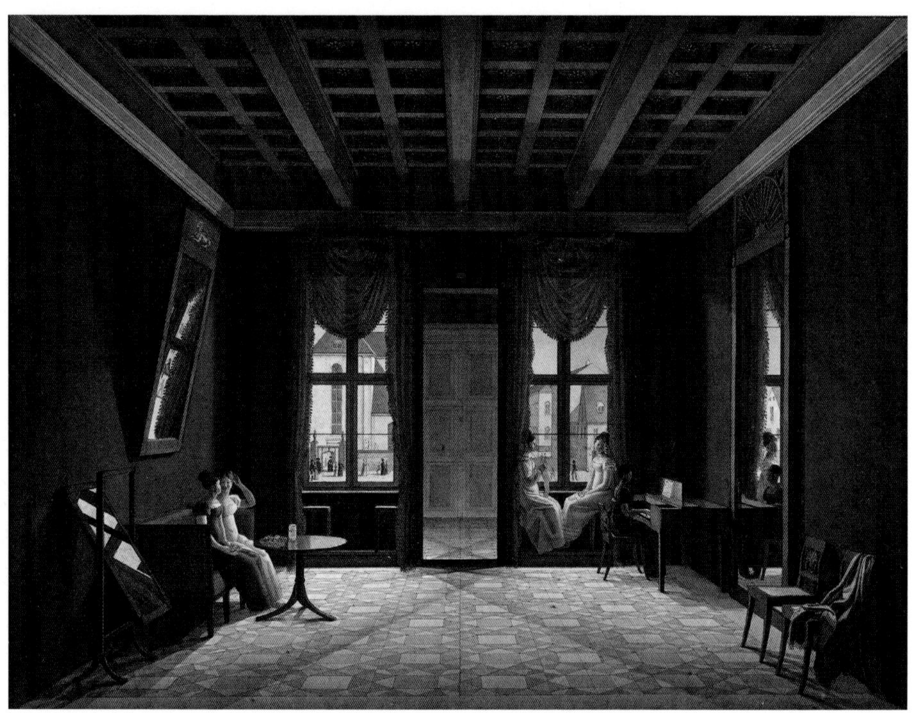

胡麥爾是位非常有建築味的畫家，早年在卡塞爾藝術學院學建築，後來轉而習畫，但對建築的興趣始終不減，1809 年擔任柏林藝術學院的教授後，更贏得了「透視家胡麥爾」的稱號。

胡麥爾對建築的興趣，主要展現在對透視、結構、對稱等的注重，他對鏡中倒影和陰影效果也極為注意，這些元素加起來，可以想見他的畫面如何充滿了複雜的結構遊戲。〈位在柏林的起居室〉一畫有四面鏡子、兩扇窗戶，但除了提供光源和宛如畫片的窗景之外，窗戶在畫裡的角色，反不如四面鏡子的表現來得吸引人，它們不僅照射出畫中位置所看不見的門、反映出人物的身影、隨著角度的傾斜而變更景象，也成為幾何花紋地毯的延伸空間。景象平常的起居室，於是變成一個多重的繪畫空間。不僅如此，左方牆面和地板上的陰影層次，尤能顯現胡麥爾絕佳的觀察與表現力。說此畫是胡麥爾的炫技之作，一點也不為過。

PLATE 17

菲特烈

Caspar David Friedrich, 1774-1840

窗前女子

1822 年
油彩畫布
44×32.7cm
柏林國立美術館

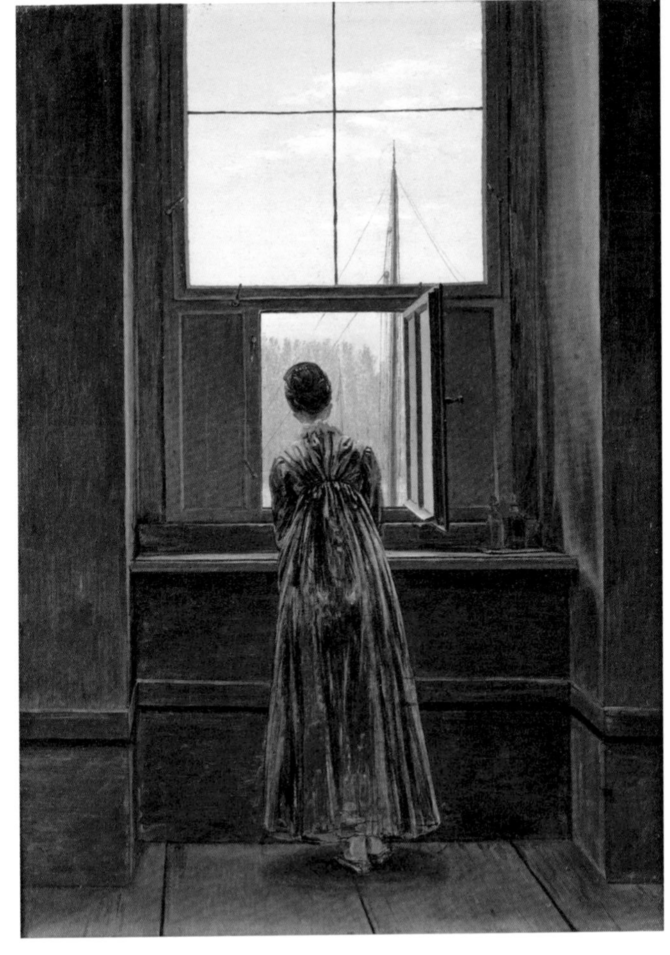

德國浪漫主義畫家菲特烈喜歡描繪人物的背影，這幅由他妻子充當模特兒，穿著長衫衣裙、倚窗站立的小品身影，正是畫家的名作之一，也是畫家妻子在德勒斯登近郊易北河畔家中的寫照。

全圖畫面，畫家以幾何形狀分割成許多方形的塊面，卻有三分之二的面積都處在暗影之中，僅僅畫面上方及正中央的幾個方形小格子透著天光，集中焦點讓觀者更清楚看見窗外河中航行船隻上矗立起的桅杆，以及對岸的樹、天際的雲，使沉悶的畫面中像開了幾個通氣孔般，得以舒緩陰鬱。有評論者解釋：這是反射渴望精神解放的意思；如果不要想太多，觀賞者可從色調、意境上去賞析，此畫除了帶領觀眾窺探大自然的美景，再加上優雅的女郎身影，應是一種美好的嚮往。

任憑時光流轉，世代更迭，美好的感受總是人類共通的追尋，我們欣賞這幅畫就能享受到一股莫名的寧靜吧！

PLATE 18

羅比（Martinus Rørbye, 1803-1848）
藝術家房中的窗外景觀

1825 年
油彩畫布
38.1×29.8cm
哥本哈根國立美術館

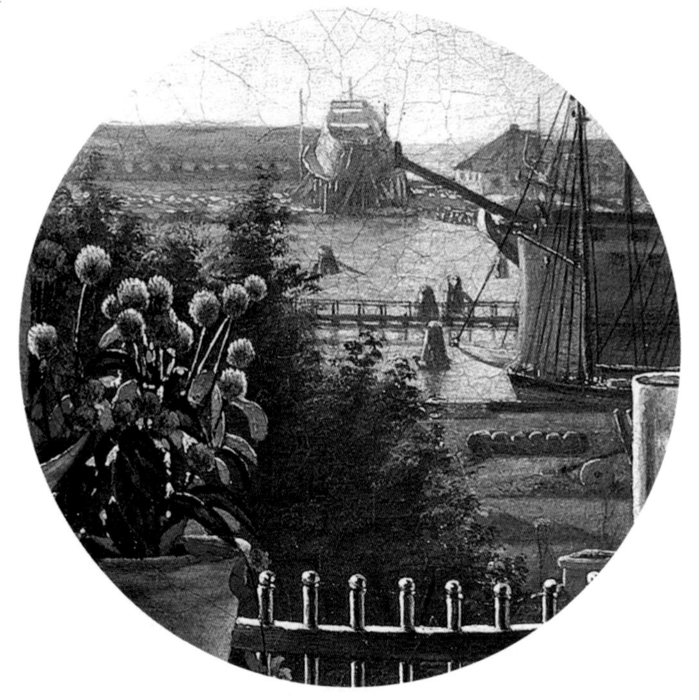

19 世紀初葉丹麥黃金藝術時期的繪畫中，羅比以風俗畫及風景畫著名。當時丹麥的畫家喜好在自然光底下描繪風景，特別以呈現家鄉日常景色和細節方面，都有很好的表現。

羅比的這幅窗外景觀，宛如藝術家敞開了的美好心靈，在溫暖陽光的照射之下，不但畫出窗台上盛開的盆栽及多樣擺設，畫面上端的精緻窗簾及鳥籠都描繪得絲絲入扣，可見這位藝術家是很懂得安排生活情趣的。除此，窗外與觀者視線平行的景色，用色雖然朦朧，但不可忽視的這也是畫家强調的重點，要不然此畫作名稱何必言明「窗外景觀」呢？

的確，仔細看，窗外前景的岸邊畫有茂密的樹叢，中遠位置則畫了河流上來往的船隻，望向更遠處是對岸的房舍建物。雖然這部分窗外景色所佔的畫面並不大，但羅比著墨甚豐，讓欣賞此畫的人的視線可以延伸至無窮遠，開闊了這幅畫的想像空間。

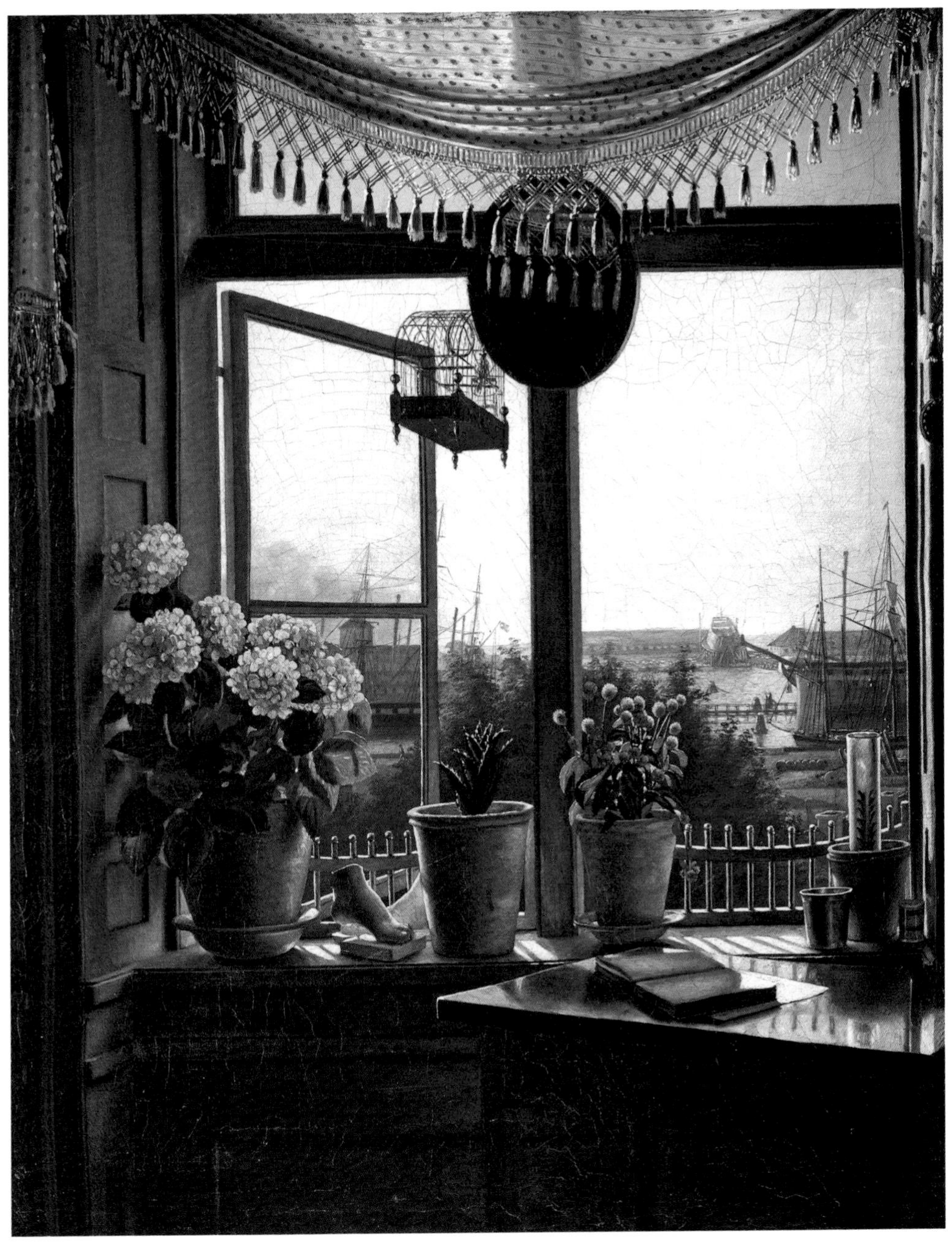

克爾斯汀

Georg Friedrich Kersting,
1785-1847

鏡前

1827 年
油彩木板
46×35cm
德國基爾藝術中心

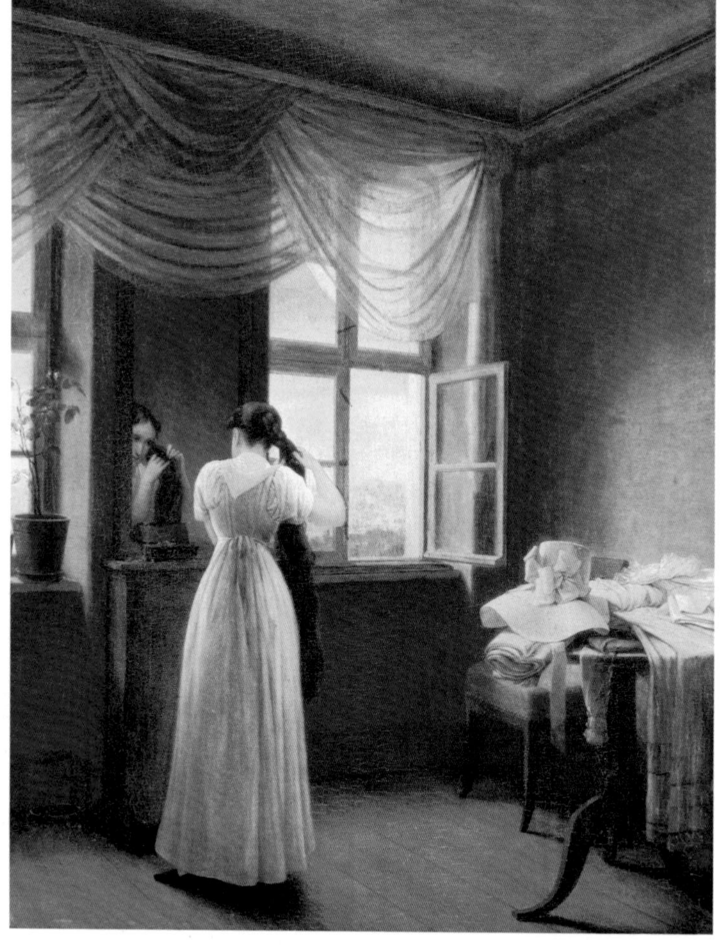

德國畫家克爾斯汀為菲特烈的好友，兩人的畫風也頗相近，都喜歡從人物背後向前看去的角度作畫。1818 年，克爾斯汀結束在波蘭的繪圖師工作，回國擔任麥森瓷廠的繪畫部主任，並在那年結婚，這個他此後一直任職的地方，以及他和妻子與接連出生的四個孩子共組的家庭，讓他的生活安定了下來，繪畫主題也隨之專注在家人身上。

在這幅以妻子安涅絲為主角的畫中，克爾斯汀畫下安涅絲在鏡前打扮的景象，不知是否正準備出門，小桌上堆滿了外出的裙裝、手提袋、帽子和披肩，鏡子前還有個打開的珠寶盒。陽光從窗戶灑進房內，在衣物和綠色的牆上投下柔和的光線。同樣是描繪妻子的畫作，克爾斯汀的畫比菲特烈的〈窗前女子〉氣氛靜謐而舒緩得多，可見兩人雖然畫風相近，但性格的不同給予了畫面不同的表現。

奧特

Jakob Alt, 1789-1872

望向多恩巴赫的奧瑟沃斯達特畫室

1836 年
水彩石墨畫紙
52.1×42.1cm
私人收藏

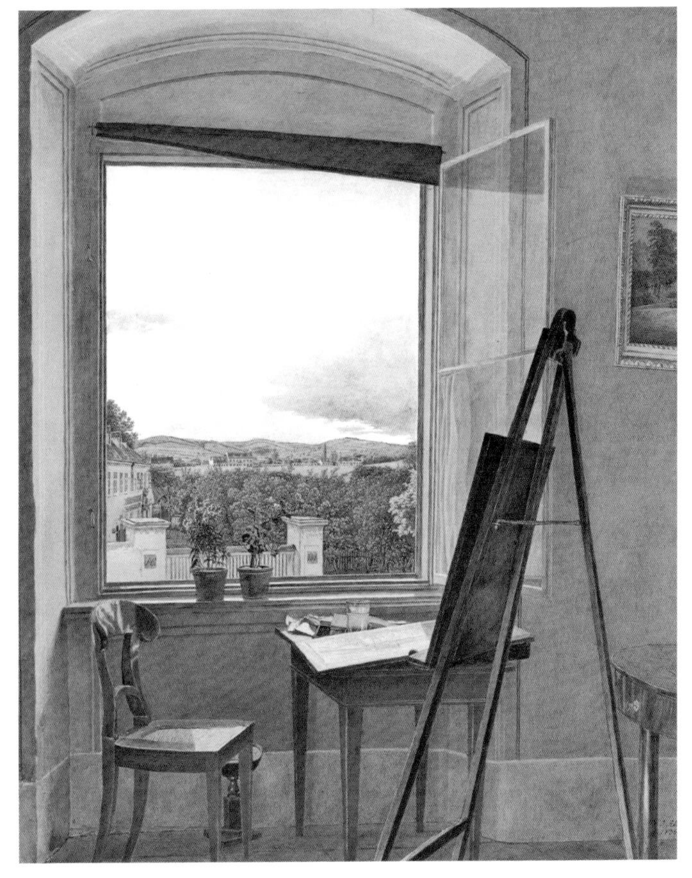

1830 年，當時還未登上奧地利王位的費迪南一世召集各地頂尖的水彩畫家與風景畫家，共同描繪奧地利與鄰近地區的美景，並將之集結成一本「圖冊」。以風景畫聞名的德國畫家奧特和他的大兒子魯道夫旋即加入這項計畫，一直到 1849 年費迪南一世退位，兩人一共畫了一百七十幅之多，為整個計畫的一半以上。這幅畫就是此計畫的其中一幅，當時費迪南一世聽說奧特在奧瑟沃斯達特的畫室景觀甚佳，所以要求他畫下這幅景象。

畫中奧特以畫室為前景，透過窗戶，將屋外多恩巴赫的街景和遠處維也納森林的山景細細描繪出來。也許是為了充分體現景色之美，奧特並未特別為室內外畫出明暗區別，彷彿窗外的景觀其實是鑲在室內牆板上的一幅畫，窗外的大門也為此縮小、拉遠，以顯現出較多細節來。窗台上的粉紅色花朵，則成為這幅窗景的鮮麗點綴。不僅如此，奧特還將畫室的桌椅悄悄換成較高雅的畢德麥雅風格家具，這樣，這幅經過設計的美景才算大功告成。

班茲（Wilhelm Bendz, 1804-1832）

亞馬利蓋德街的室內及藝術家的兄弟

約 1829 年
油彩畫布
32.3×49cm
哥本哈根赫西斯普倫美術館

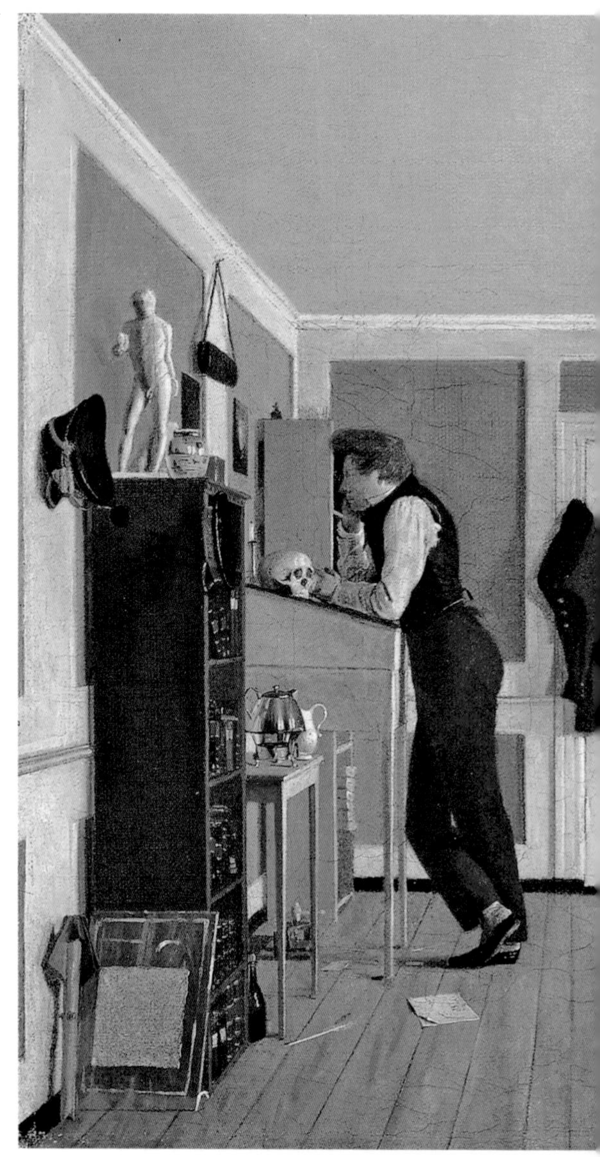

隨著中產階級與都會文明的興起，日常生活的室內景逐漸成為 19 世紀繪畫的一個主題，班茲即是 1820 年代前期以描繪室內景與肖像畫聞名的畫家。才華早露的他於 1825 年自哥本哈根的丹麥皇家藝術學院畢業，之後連年參加國家大型展覽，數幅畫作亦獲宮廷收藏，但前途一片看好之際，他卻在 1832 年遊學義大利期間染上肺病去世，身後僅留下不多的畫作。

班茲的室內畫作以聚會、畫室和課堂等場景居多，雖然都作於二十來歲，但寫實技巧已可謂遊刃有餘，對氣氛與人物表情的掌握亦十分純熟。這幅畫所描繪的是班茲的兩個哥哥，柔和的光線從右方的窗戶灑進室內，但臉埋在陰影中的兩人閉目頷首，似乎都正沉思著什麼。桌上的書本和頭骨，腳邊散落著的煙灰缸和紙張，加深了兩人努力鑽研的形象。平視的角度與對細節的刻畫，捕捉住了日常生活中的片刻印象。

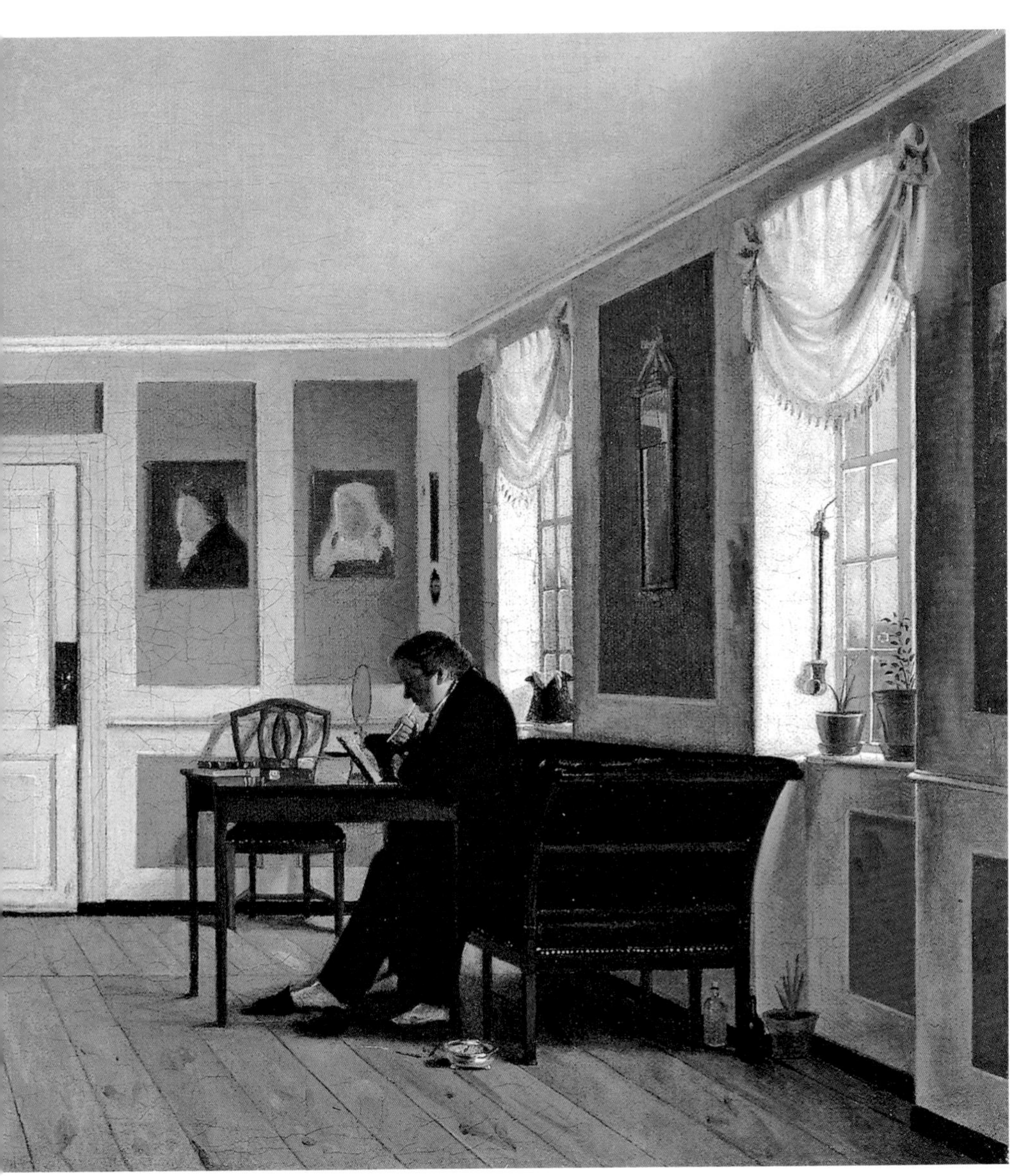

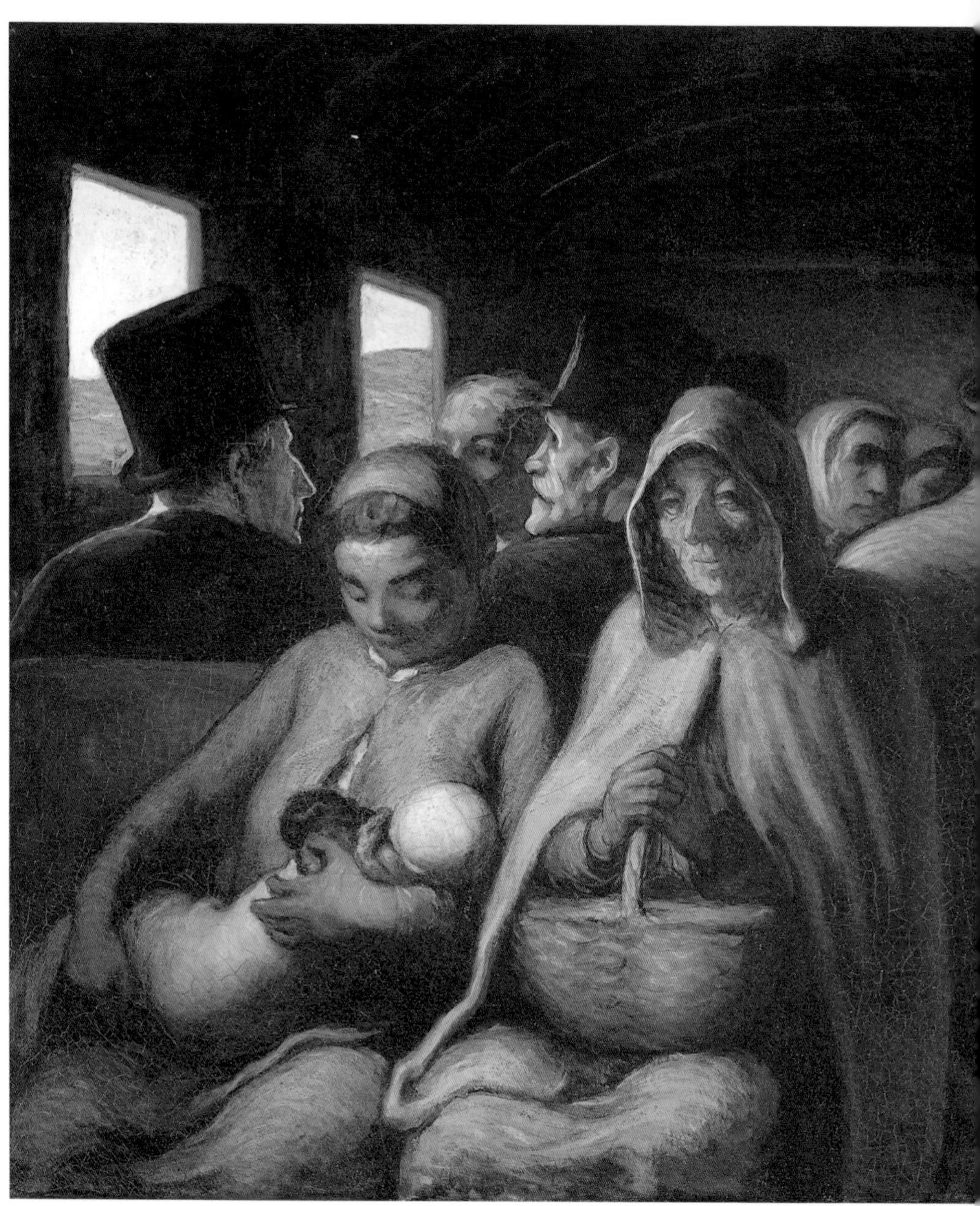

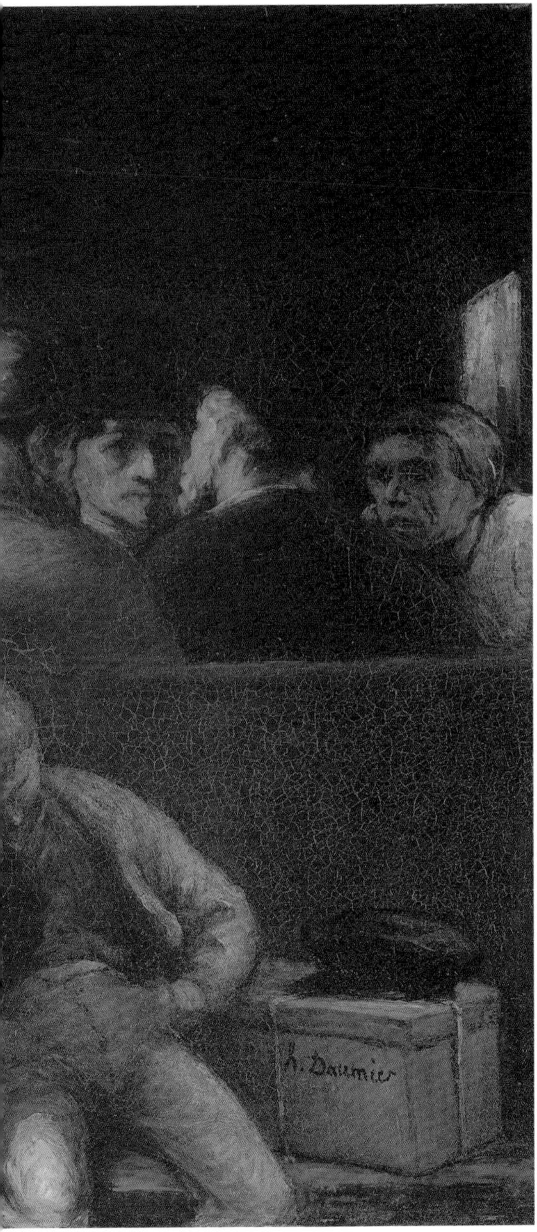

PLATE 22

杜米埃（Honoré Daumier, 1808-1879）
三等列車

1831 年　油彩畫布　21.4×30.5cm　安大略國立美術館

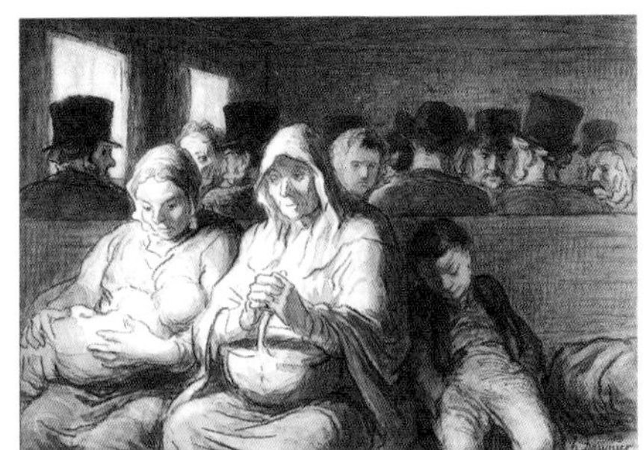

杜米埃　三等車箱內　1864 年　鉛筆、水彩、墨
20.3×29.5cm　巴爾的摩華特斯美術館藏

法國傑出的寫實主義畫家杜米埃，其一生創作量巨大豐富，他並以諷刺漫畫、版畫及雕塑見長。杜米埃也是一位人民利益的維護者及自由的捍衛者，其數量龐大、以社會人物為題材的藝術創作，被公認為 19 世紀中葉法國平民生活的縮影。

這幅〈三等列車〉即是杜米埃的代表作之一，同樣構圖、不同材質的畫作也有好幾幅，可見畫家對此作是相當重視的。畫家以強烈的明暗對比，來呈現貧民生活的無奈與悲苦。在擁擠的車廂裡面，光線僅從兩扇窗戶照了進來，映顯出多位乘客疲憊、呆滯的面部表情，連第一排座位上的孩子也睡著了。這群三等車廂中沉默不語的人，是當時社會窮人的生活寫照。

PLATE 23

瓦爾德繆拉

Ferdinand Georg Waldmüller, 1793-1865

窗邊的年輕農婦與三個孩子

1840年
油彩畫布
84.6×67.5cm
慕尼黑新繪畫館

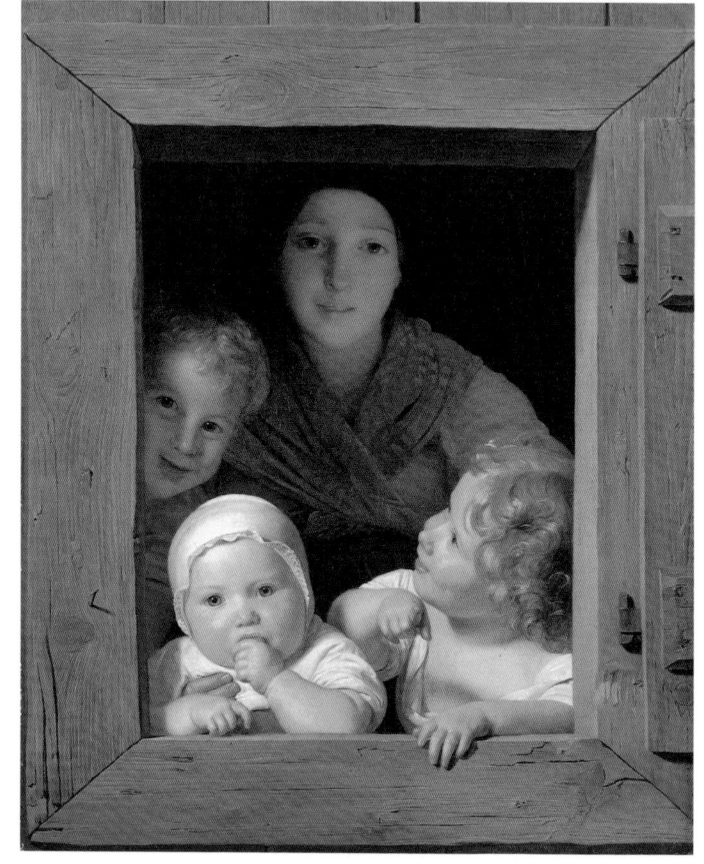

奧地利畫家瓦爾德繆拉為維也納藝術學院的教授，早年曾為生活所苦而中輟學業，以肖像畫維生，後來擔任一所學校的兒童美術教師，課餘鑽研大師畫作，並逐步建立起自己的風景畫風格，後來以對色彩的絕佳掌握，成為當時的風景畫權威。

在繪畫中，瓦爾德繆拉始終為大自然的追隨者，倡導實地觀察並描繪大自然，這點雖然使他和學院作風時有衝突，但仍影響了同時代的許多畫家；可能也歸功於他的執著，他對風景與人物的描繪細膩而寫實，同時透露出一股優雅氣息來。這幅畫就是一個典型例子。從窗框木紋的細緻處理、窗戶內外的光影漸層，到人物表情的精準掌握，無不展現了瓦爾德穆拉經千錘百鍊的過人技巧。

PLATE 24

門采爾

Adolph Menzel,
1815-1905

有陽台的房間

1845 年
油彩紙板
58×47cm
柏林舊國立畫廊

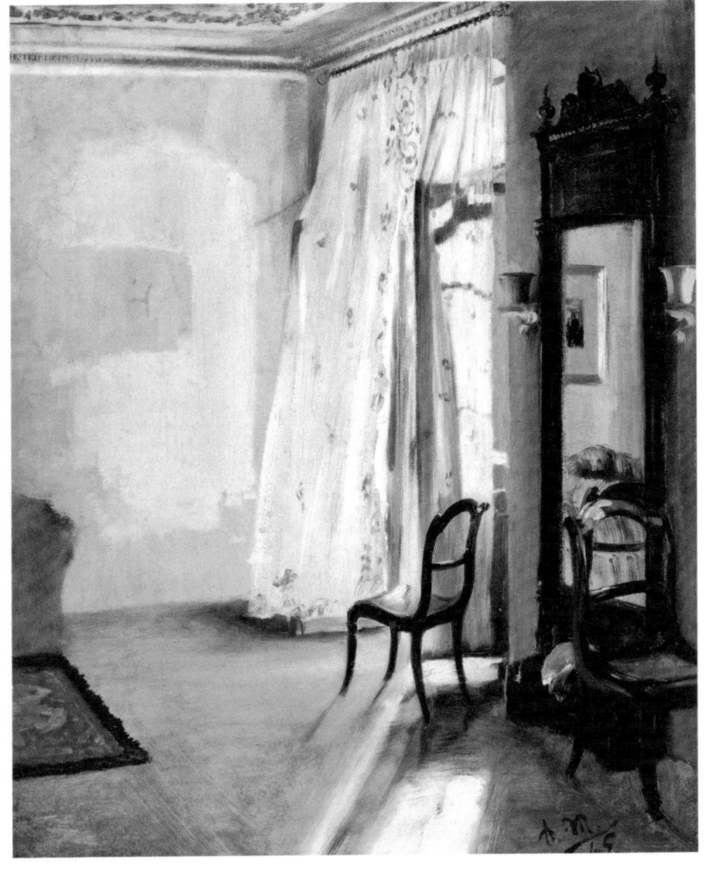

門采爾與菲特烈同被認為是19世紀德國最具代表性的畫家，但和菲特烈很早就以油畫成名不同，門采爾的生涯是從插畫起步，後來才自學油畫，並以歷史畫和描繪大型國家場景的畫作聞名。而也許是經歷非同一般和性格使然，門采爾的畫作在寫實中也深具個性，顯示他對自己的才能頗具信心。

門采爾在1845至1851年間作了幾幅以空房間為主題的畫，窗戶均為主要光源，顯示這是他用來探索光線效果的練習作，其中最著名的便是這幅〈有陽台的房間〉。畫中所描繪的是門采爾和家人在那年才剛搬進的新屋，置於中央的窗簾和陽光，顯然是畫作的重心。半透明的蕾絲窗簾輕拂著陽台的玻璃門，暖黃色的陽光灑進屋內，落在畢德麥雅風格的木椅椅面上，並在地上曳出一條長影。

門采爾此畫中細緻的光影表現，讓人彷彿看到數十年後印象派的影子，顯示此時畫家對光線效果的表現能力，已能掌握自如。

PLATE 25

羅賽蒂（Dante Gabriel Rossetti, 1828-1882）
受胎告知

1849-50 年　油彩畫布　72.4×41.9cm　倫敦泰德美術館

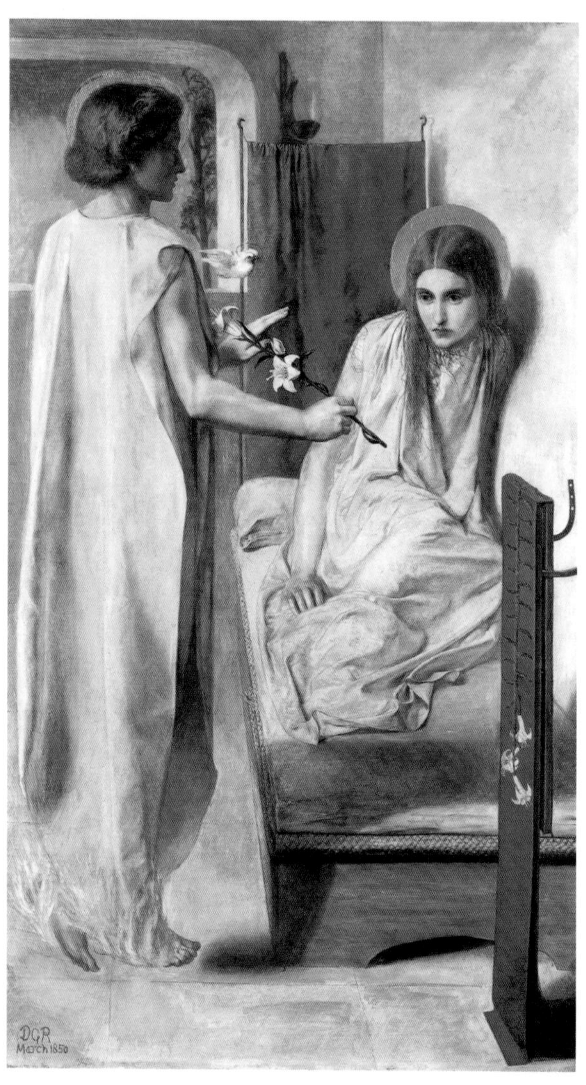

天使加百列手持象徵純潔的百合，來到馬利亞床前通知她將產下耶穌。這個關鍵性的一刻，在繪畫史上一向都被描繪成馬利亞從困惑、明白而後垂首服從的模樣，但在羅賽蒂筆下，這個受胎告知的時刻，在顯示聖威之外卻多了一分驚疑。

在藍色的窗外天光與藍色屏風的襯托下，馬利亞畏縮地盯著加百列手上的百合，彷彿認為它有些不祥，而身為上帝代表的加百列，在這幅畫中的面容也略顯陰暗。雖然全畫以白色主調來顯示這是個聖潔的場景，但羅賽蒂卻為這個場景賦予了人性的反應。

羅賽蒂對聖經題材的這種新詮釋，是他和密萊（John Everett Millais）、亨特（William Holman Hunt）等人一同建立的拉斐爾前派（Pre-Raphaelites）的主軸之一，但因為觀點不同以往，畫作展出當時曾備受批評，讓羅賽蒂決定此後不再拿出來展覽，也因此，這幅他以自己的詩人妹妹克莉絲汀娜為模特兒的畫，塵封了多時才重見天日。

PLATE 26

亨特（William Holman Hunt, 1827-1910）

克勞迪歐與依莎貝拉

1850 年　油彩木板　75.8×42.6cm　倫敦泰德美術館

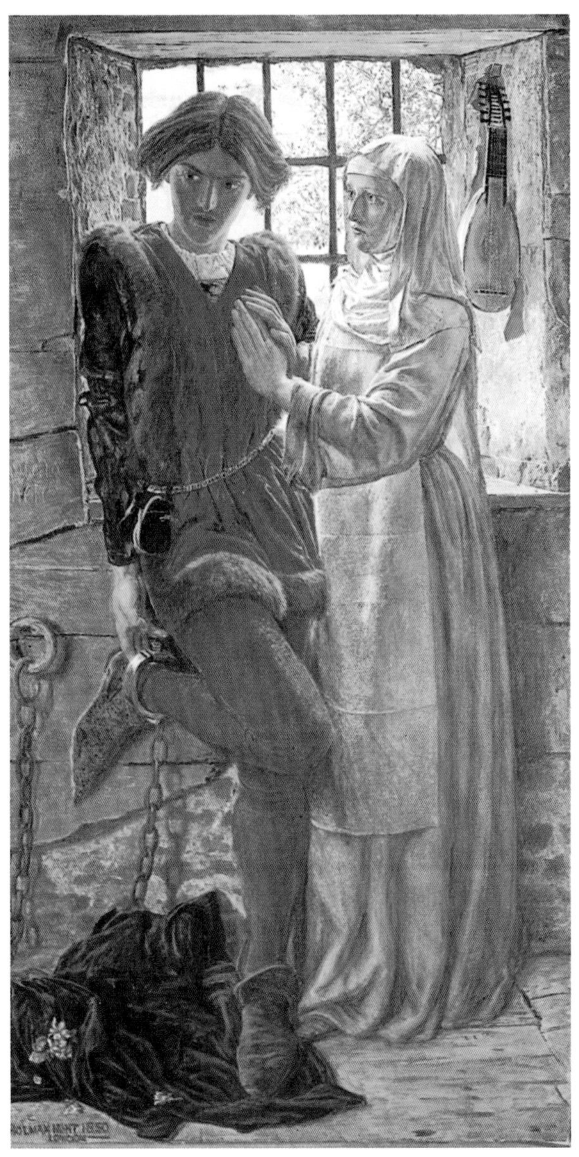

這幅畫中的兩個人物取自莎士比亞劇作《一報還一報》，一是女主角伊莎貝拉，一是她的哥哥克勞迪歐。在莎劇中，克勞迪歐和妻子茱麗葉因為未嚴格依循法律程序結婚即同房，而被判通姦罪，並處以死刑。為了拯救哥哥，剛進修道院的伊莎貝拉向法官求情，不料竟被迫以身相許。

這裡描繪的是伊莎貝拉至牢房探望哥哥的場景。不願犧牲貞潔的伊莎貝拉，這時已拒絕法官的脅迫，而到牢房來改勸哥哥接受命運。一身素白的她將雙手放在哥哥胸前，臉上帶著請求但堅定的表情，但克勞迪歐閃避著她的目光，看來似乎十分不悅。

亨特筆下的牢房與一般印象中的牢房大不相同，還有明亮的窗戶，不過畫家特意安排克勞迪歐以右手抓著自己的腳鐐，順著他的目光，還可看到他腳下花瓣脫落的白色蘋果花，顯示了亟欲脫困的克勞迪歐，隨時都準備犧牲妹妹換取自由。

PLATE 27

門采爾（Adolph Menzel, 1815-1905）
藝術家於里特大街的起居室

1851
油彩畫紙畫板
32×27cm
紐約大都會美術館

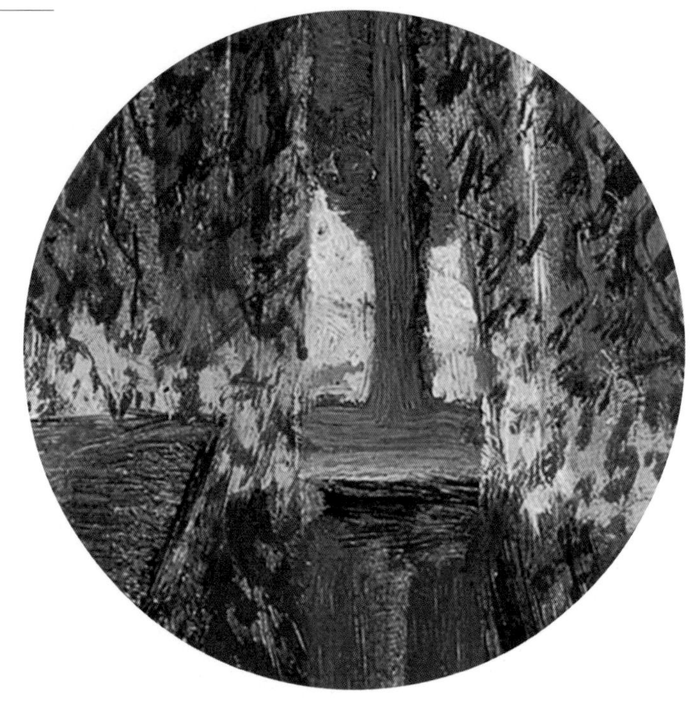

門采爾生前因描繪普魯士地區或柏林城市有關的歷史畫作而著名於世，但是在他過世之後，卻被發現留下許多未曾發表過的習作，以及日常生活的小品油畫，由於這些作品廣被介紹開來，其藝術表現也有重新被討論的空間，終於他以印象派先驅的姿態而獲得更高的評價，尤其是他善於描繪光線的效果及處理氣氛的到位，使這些遲來的名聲能名副其實。

這幅色調昏暗，僅微微透著幾點亮光的起居室，仔細欣賞頗能令人莞爾，想到夏天燠熱的天氣及溫度，或每到午後及黃昏，陽光穿窗而入，如不拉下窗簾可真是刺眼。此畫紅通通的昏暗室內，畫家畫出了沒有遮嚴密而透出的光影，以低明度、低彩度的光線及色彩，將起居室內的擺設及氛圍，表達得淋漓盡致。

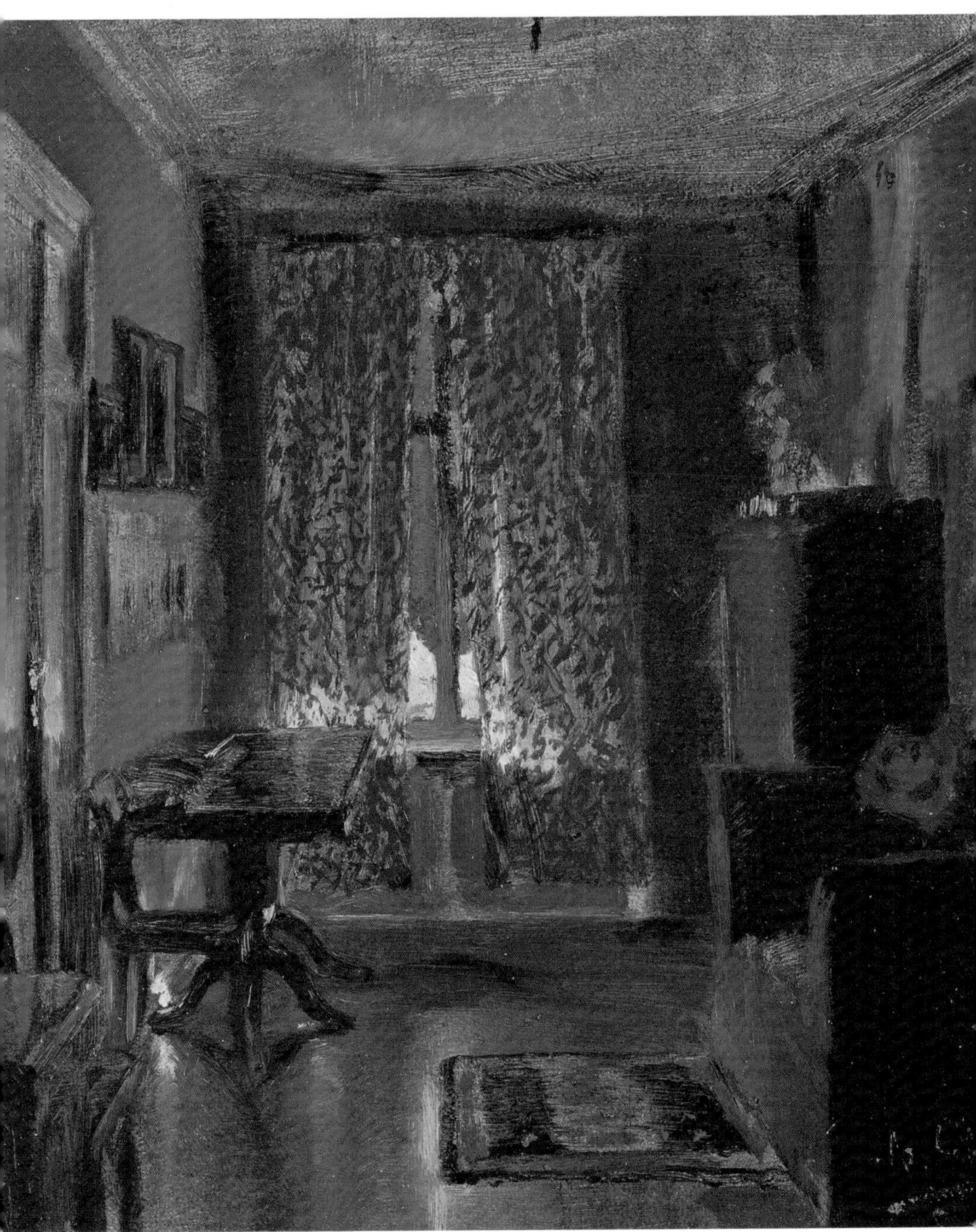

PLATE 28

密萊（John Everett Millais, 1829-1896）

瑪麗安娜

1851年

油彩木板

59.7×49.5cm

倫敦泰德美術館

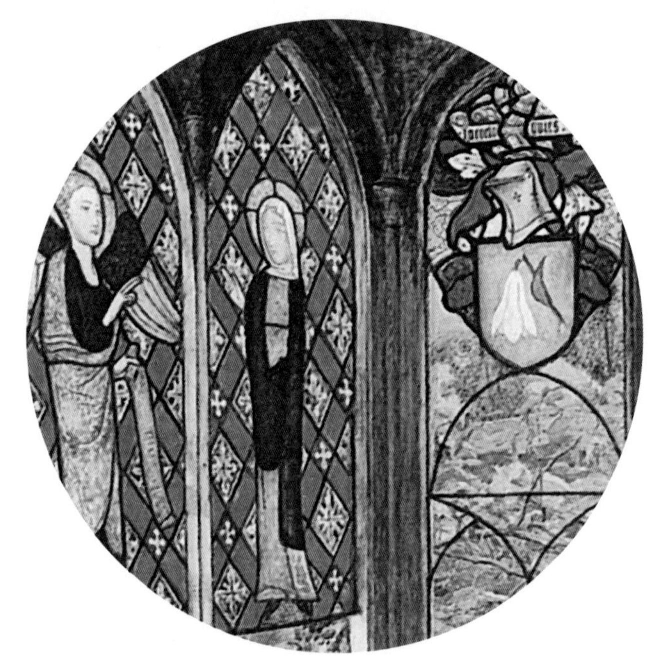

她只說，「生活如此煩悶」，

「他總不來」，她說。

「我好悶，好悶」，她說，

「真希望就此死去！」

密萊的這幅畫1851年第一次展出時，底下附有著名英國詩人丁尼生（Lord Alfred Tennyson）詩作〈瑪麗安娜〉的幾行詩句。密萊的這幅畫可與圖26亨特的〈克勞迪歐與伊莎貝拉〉形成有趣的對照，瑪麗安娜也是莎劇《一報還一報》中的一個角色，由於嫁妝隨著一場船難沉沒，而遭未婚夫退婚，所幸劇末在公爵主持正義下獲得補償。

拉斐爾前派畫家經常以丁尼生的詩作做為靈感來源，身為其創立者之一，密萊自然也不例外。這幅畫描繪的是瑪麗安娜癡癡等著未婚夫的模樣，原本忙於縫紉的她此刻正起身，望著窗上的彩繪玻璃發愣。彩繪玻璃所畫的是天使加百列告知聖母馬利亞她已懷有身孕的情景，此處暗示了瑪麗安娜的困境；灑落在桌面和地板上的落葉，則無疑表示時間的流逝。這幅畫的細節與色彩均十分豐富，細膩呈現了一位待嫁姑娘的枯索心情。

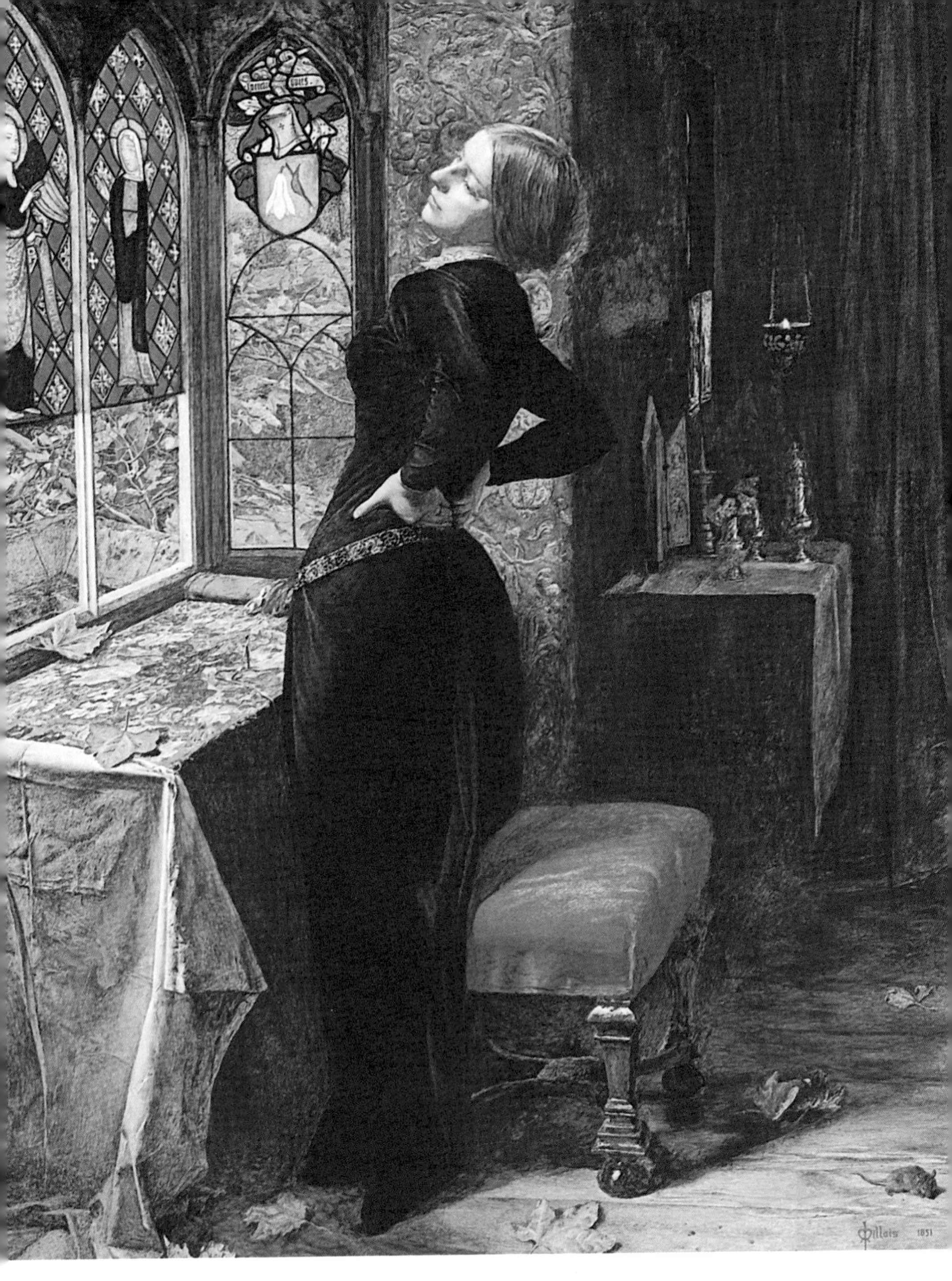
1851

米勒

Jean-François Millet,
1814-1875

學習打毛線

1854-55 年
油彩畫布
47×38.1cm
波士頓美術館

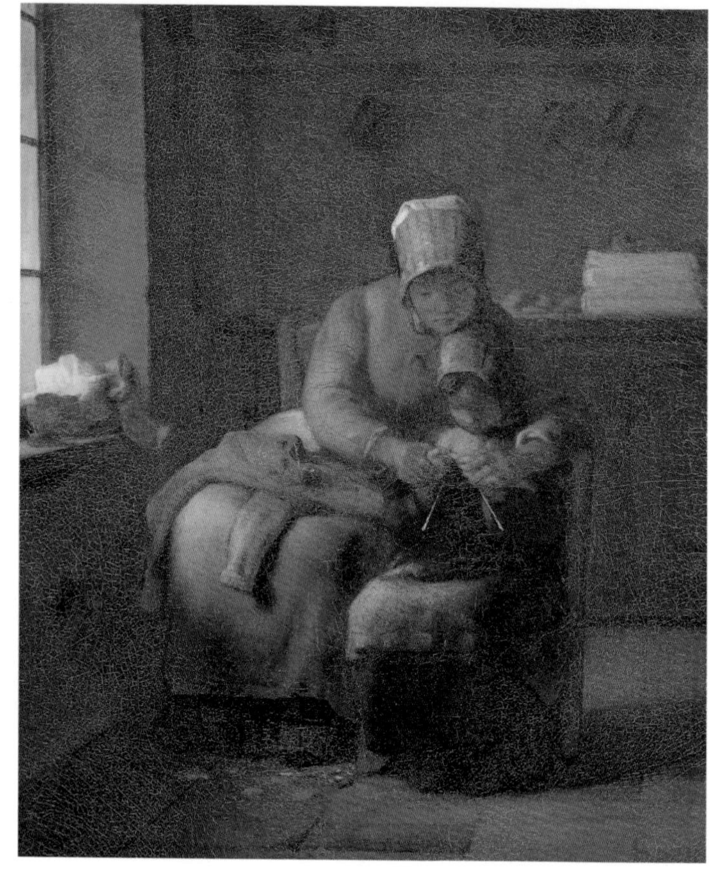

米勒是一位偉大的田園畫家，同時也善於描繪農家的日常生活，無論是畫春耕秋收、餵雞縫衣或是照料孩子們的母親，這些看似平凡的生活主題，到了他的彩筆之下都成了一幅幅動人的畫面；尤其米勒畫的人物畫，很能傳達出細膩、親切的情感，絕非僅靠外型的精準來討好觀衆，而是能自然地流露出一股莊嚴、高尚的情操，富於感染力。所以欣賞米勒的繪畫，從生活及精神兩方面去體悟更能掌握。

這幅學習打毛線的畫作，母親的手臂環繞著孩子，親密地指導小女孩怎樣打毛衣，倆人相依在一起洋溢著濃濃的親情，形成十分温馨的畫面。而此作的構圖也很直白，陽光温柔地照進窗來，灑在坐在窗邊、畫面正中央的母女身上，拖出長長的影子，自然而優美。

PLATE 30

穆瓦約

Constant Moyaux, 1835-1911

從梅迪奇別墅藝術家房間看羅馬景觀

1863 年
水彩畫紙
29.4×22.7cm
瓦朗西納美術館

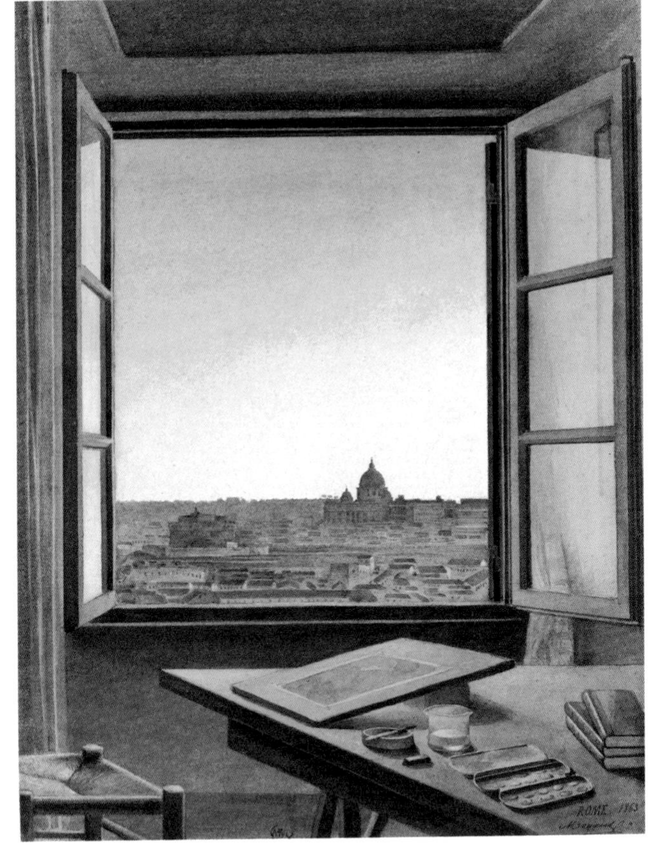

科尼埃 1817 年對梅迪奇別墅景觀的讚嘆（圖 15），為他設計墓園紀念碑的法國建築師穆瓦約，在五十年後似乎也感受到了，而為了讓觀者看清楚這片風景，穆瓦約將窗戶拉得很近，在房內桌上擺的畫具和書本構成的前景之外，整個畫面幾乎都由窗框中的景色占據：聖彼得大教堂和聖天使城分據左右，沐浴在一片淡紅色的天空下；棋盤一樣的城鎮屋宇，則分布在綠色台伯河的兩岸，並延伸至遠方。穆瓦約在這裡用上了自己在建築上的訓練，將整個城鎮的規劃一覽無遺地勾勒出來，使得這片風景既具繪畫的美感，也具建築的精確。

穆瓦約之所以會在梅迪奇別墅，是因為他於 1861 年獲得羅馬獎，因而得以在這裡工作五年。在這裡的五年間，他創作了數百幅的繪畫和素描，這些他視為「最珍貴的紀念」的畫作，後來都被他自己珍藏著，一幅也不出售。不過，雖然名為「梅迪奇別墅藝術家房間」，據後人考證，這幅畫實地作畫的地點應該在略西南方的波波洛人民廣場附近，應是穆瓦約非常喜歡這片景觀，所以把它納入自己的紀念品之一了。

PLATE 31

門采爾

Adolph Menzel, 1815-1905

瑪麗恩街的一扇窗景

1867 年

膠彩、粉筆、畫紙

29.5×23.1cm

溫爾圖特萊因哈特美術館

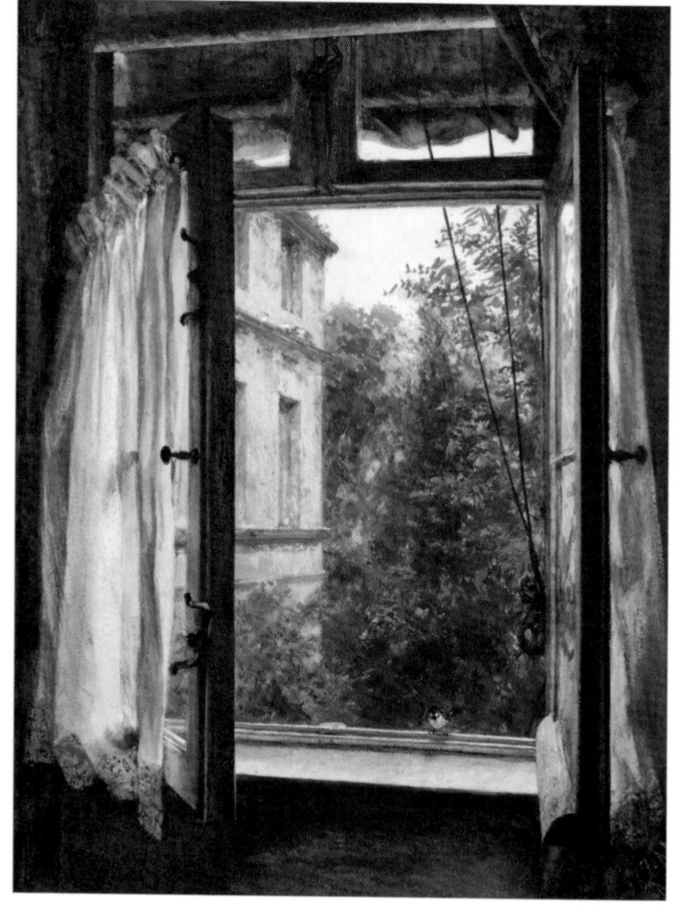

在畫家眼裡，處處都是景觀，處處都可以成為觀察光影變化的場地。門采爾於 1862 至 1865 年間在柏林瑪麗恩街住過幾年，隨後搬到另一條街上，至 1867 年才依據自己的素描和記憶，畫下這幅舊居的窗前景象。一如其他同類的室內小品，門采爾只把它看作是試筆之作，但這些為探索光線效果的作畫主題，在那個時代堪稱新穎。

一扇掛著蕾絲窗簾的窗戶，半開向兩棟建築間的一方庭院，樹影搖曳，鳥聲啁啾，還有一隻小麻雀停在窗台上向屋內張望。但這幅畫的焦點與其說是窗外的風景，不如說是被描繪得鉅細靡遺的窗戶本身，開成不同角度的兩片窗板、映在窗玻璃上的天空與樹影、略透出窗欄影子的蕾絲窗簾、窗閂與窗外的兩條拉線，全都描繪得一絲不苟。歷來的研究多認為畫中房間是門采爾的畫室，但近來已有人懷疑這個說法，理由是門采爾應該不會將白色窗簾掛在畫室裡。

PLATE 32

莫內

Claude Monet,

1840-1926

繫紅頭巾的莫內夫人

約 1868-73 年

油彩畫布

99×79.8 cm

俄亥俄州克里夫蘭美術館

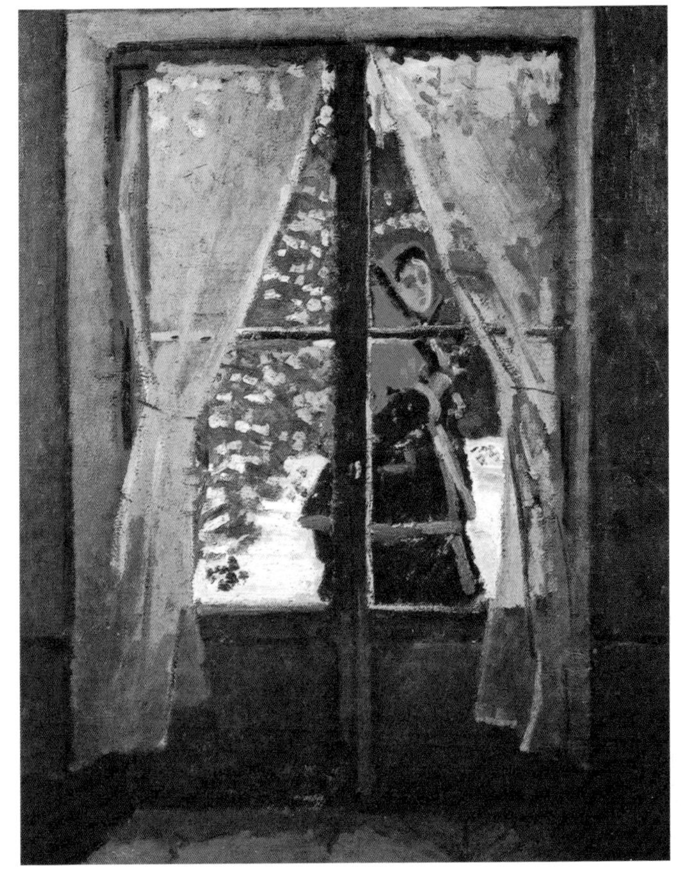

這幅畫作於莫內從認識妻子卡蜜兒到結婚後的那幾年，那時莫內正逐步建立自己的作畫理論，印象派的標竿作品〈印象・日出〉完成於 1872 年。

這幅畫中原有兩個人物，各自坐在室內窗邊的兩旁，但後來莫內去掉了這兩個人物，改畫上撐著傘、戴著紅色頭巾的卡蜜兒，而形成了如今的構圖。此時莫內的筆觸已頗具印象派的略筆風格，光線映在雪地上，穿過半透明的窗簾反射進室內，抹去了屋內的形體線條。在連接屋內外的一片冷白色中，走過雪花紛飛的卡蜜兒顯得格外醒目，莫內的略筆更為她的身影製造了一種驚鴻一瞥的印象。雖然比起卡蜜兒的其他畫像來說，這幅畫顯得較少為人知，但它對莫內來說卻意義非凡，他直到過世前都把它留在身邊，未曾出售。

PLATE 33

巴吉爾（Frédéric Bazille, 1841-1870）
巴吉爾畫室

1870 年　油彩畫布　98×128cm　巴黎奧塞美術館

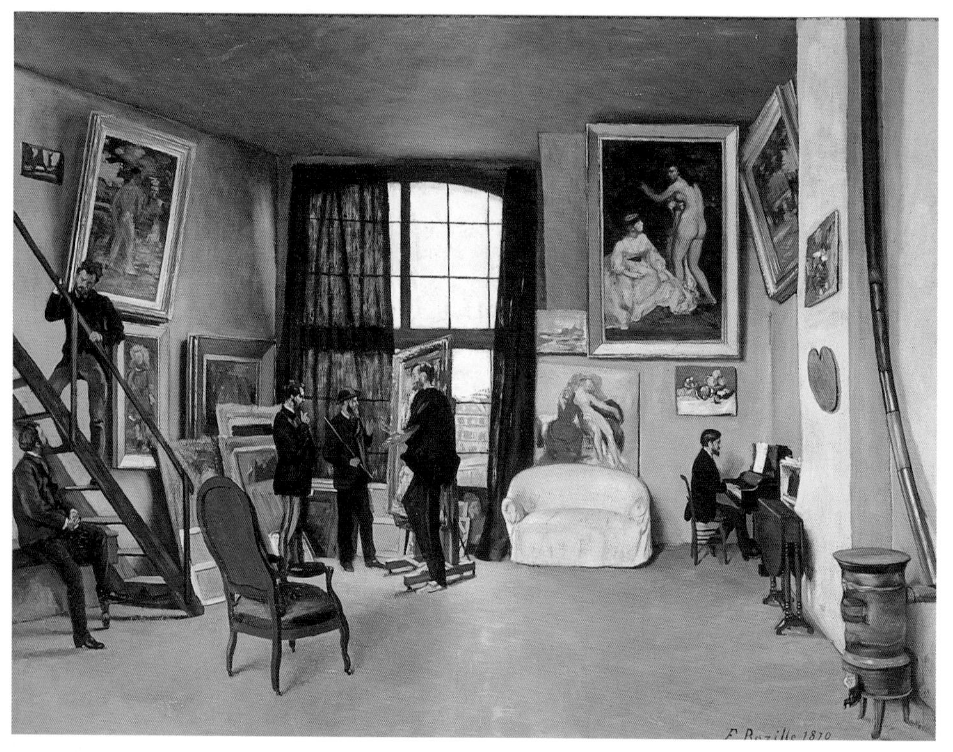

19 世紀印象派的畫家巴吉爾，出生於一個富裕的基督教家庭，其創作才華讓人激賞，可惜英年早逝，才二十八歲就戰死於普法戰爭中。

這幅畫，是畫他位於巴黎貢達明街的畫室一景。巴吉爾經常藉由戶外寫生來描繪自然光下的景物，此畫雖是描繪室內，但藉由寬大窗戶射進畫室內的光線，營造出明亮舒適的空間感，也讓觀者了解 19 世紀畫家的畫室。

這天畫室中來了多位好友，據傳，畫架旁的高個子即為畫家本人；右方彈琴者是音樂家艾德蒙；中間賞畫的兩人：前方是馬奈、後面是莫內；而手攀樓梯的人則是小說家左拉，同他講話的是畫家雷諾瓦。當時，這種文人畫家的交誼十分普遍。

PLATE 34

路易斯（John Frederick Lewis, 1805-1876）

開羅・閒談

1873 年　油彩木板　30×20cm

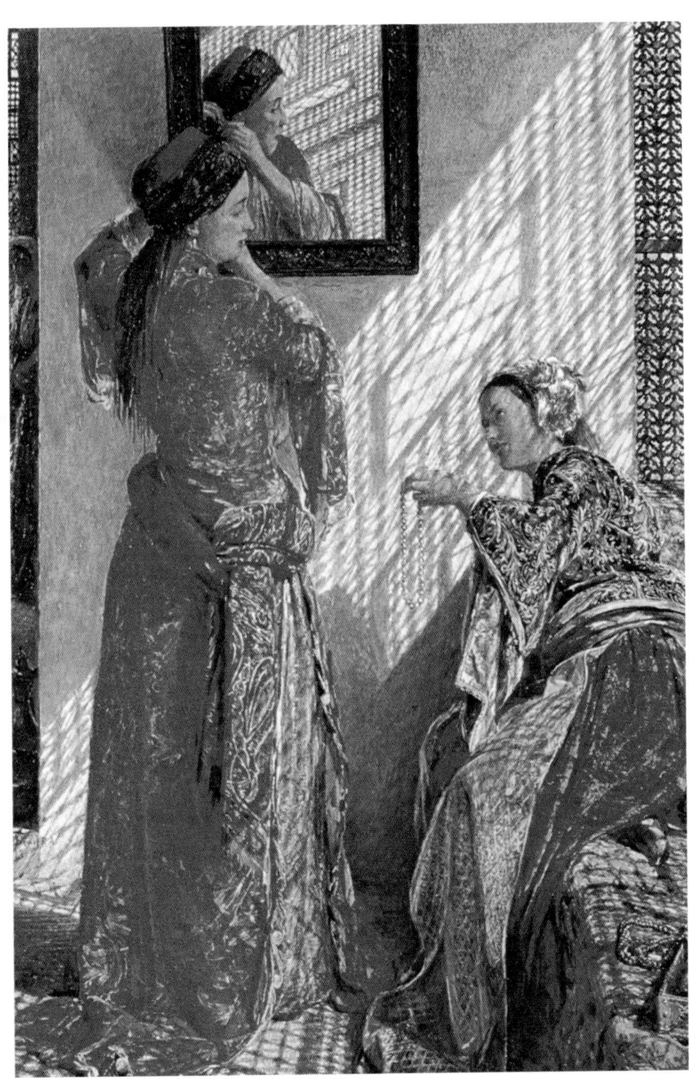

這幅畫雖然只畫出一部分的窗戶，但從牆面、床舖、地板乃至鏡中的斑斕光影，可以看出窗戶的面積龐大。英國畫家路易斯的技巧無疑就展現在遍灑四處的窗格光影上，從地面的正方形紋、牆上的斜菱格紋，到隨著人物曲線和衣飾的紋樣所產生的變化，無不展現了他的觀察入微。

路易斯出生於畫家家庭，父親和弟弟都是畫家。路易斯少年時就投入當時著名的肖像畫家勞倫斯爵士（Sir Thomas Lawrence）門下學習，負責描繪動物，二十歲就出版了凹版印刷畫冊。但他最著名的還是以西班牙、義大利與東方題材為主的畫作。他曾在西班牙待過三年，在開羅長住十年，1851年才返回英國定居。長年在國外的經歷，讓他得以實地觀察當地的生活，並在回國後將所見所聞化為一幅幅油畫。這幅畫中，路易斯不僅細膩畫出了兩個女孩色彩鮮豔、紋樣華麗的衣裳，一面打扮一面聊天的閨房情景，更顯現了路易斯對當地生活有某種程度的融入。

PLATE 35

馬奈（Edouard Manet, 1832-1883）

阿卡雄海岸的一處室內

1871 年　油彩畫布

39.4×53.7cm　麻州克拉克藝術收藏館

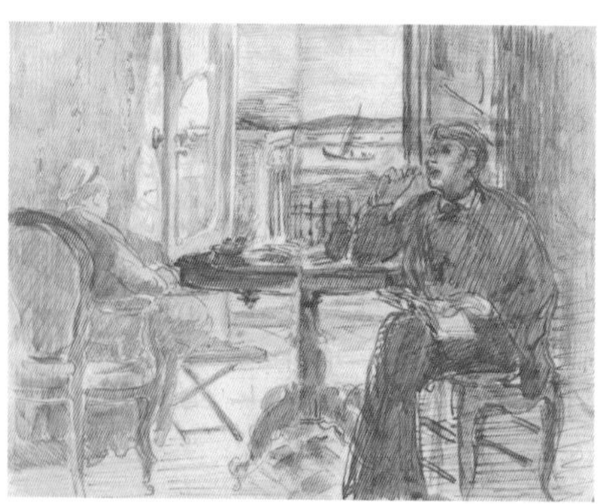

馬奈〈阿卡雄海岸的一處室內〉習作　1871 年　水彩褐墨石墨於素描簿　18.5×23.7cm　哈佛大學福格美術館

馬奈是 19 世紀法國印象派重要畫家，他形成了從庫爾貝的寫實主義到印象派的過渡作用。這是他在素描本上畫下的一幅室內景觀，後來發展成為油畫。馬奈的妻子蘇珊一邊抬著腳，一邊寫著信，他的兒子則坐在桌子另一邊的椅子上。窗外有一艘小帆船駛過，遠處的小山坡與之平行，延伸至盡頭便是港灣口。

馬奈曾說，藝術中的簡練是一種必然，也是一種風雅。簡練的人能促使你思考，喋喋不休的人則會使你厭煩。永遠要用一種簡練而直截了當的方法描繪。這幅窗景的習作和油畫完成品描繪的手法確是相當簡練而生活化。

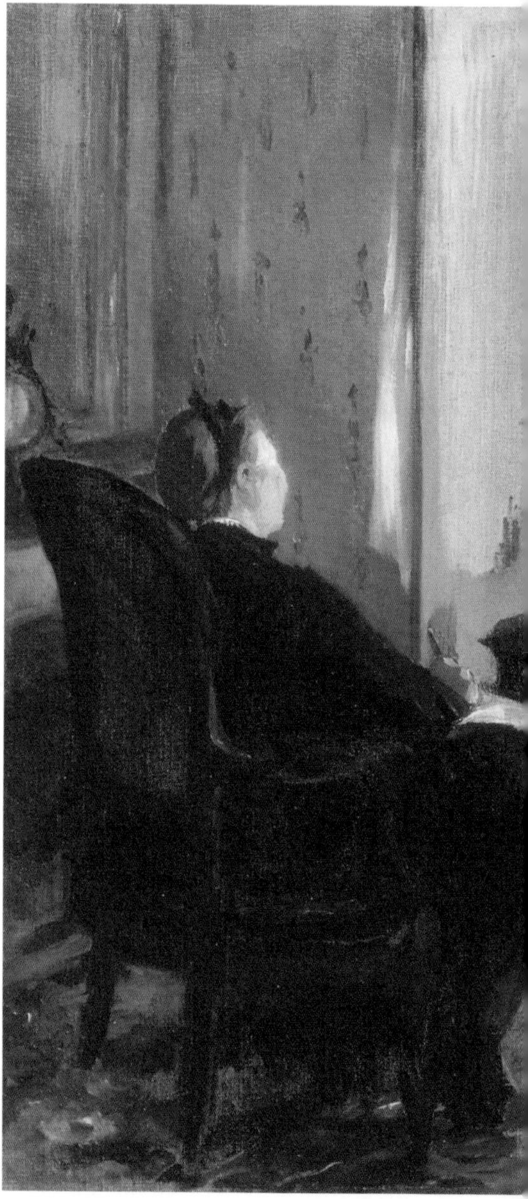

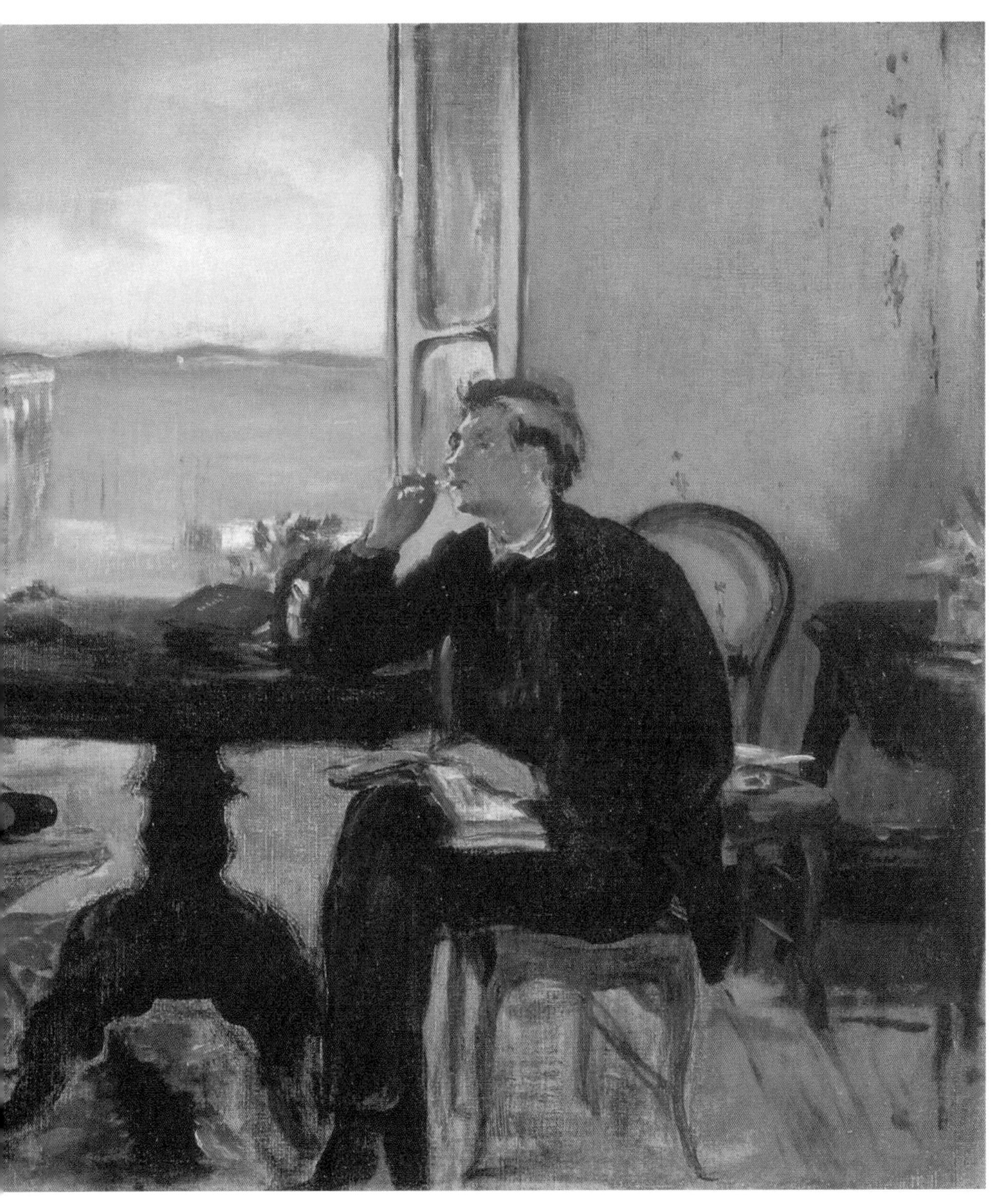

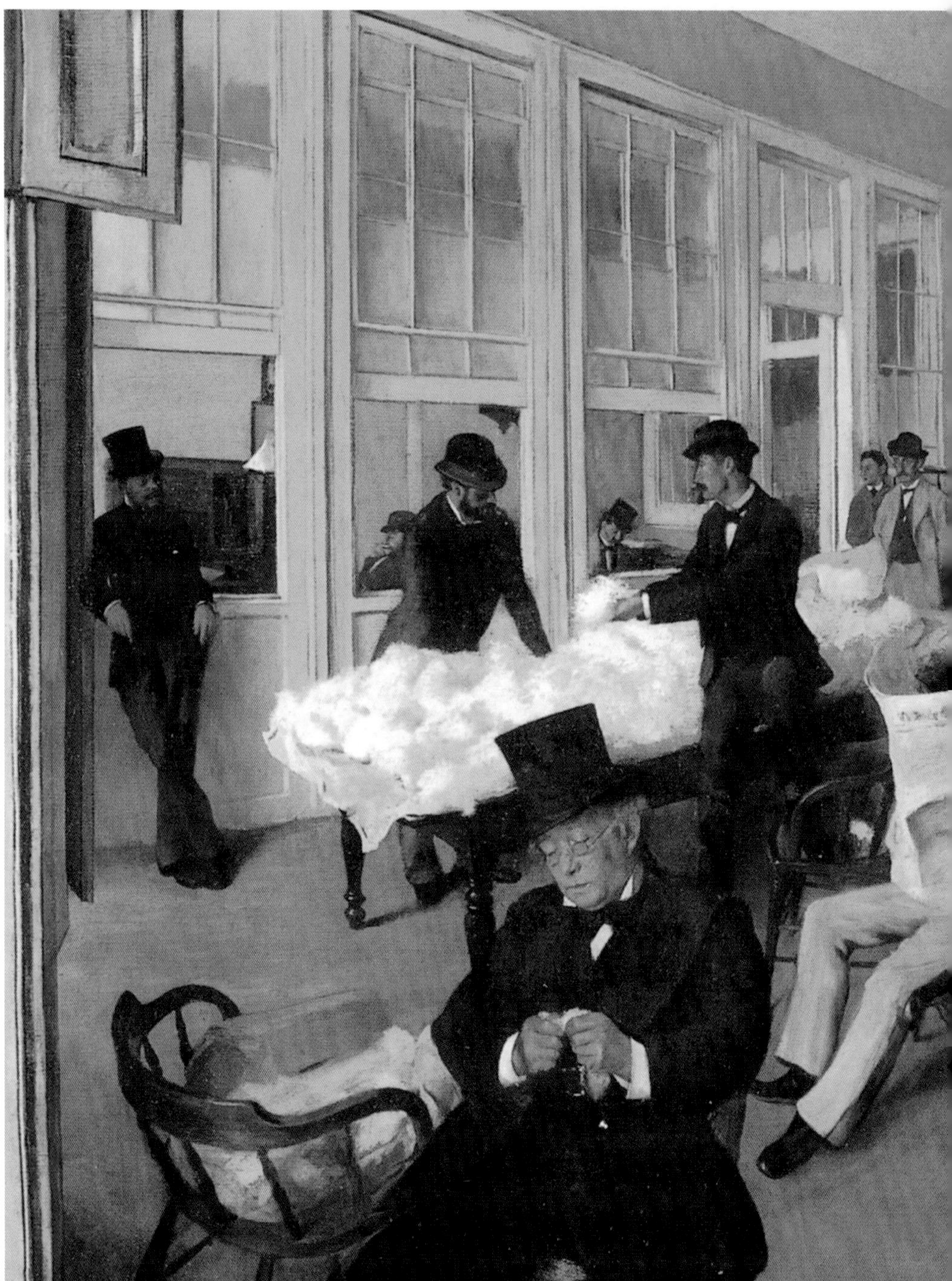

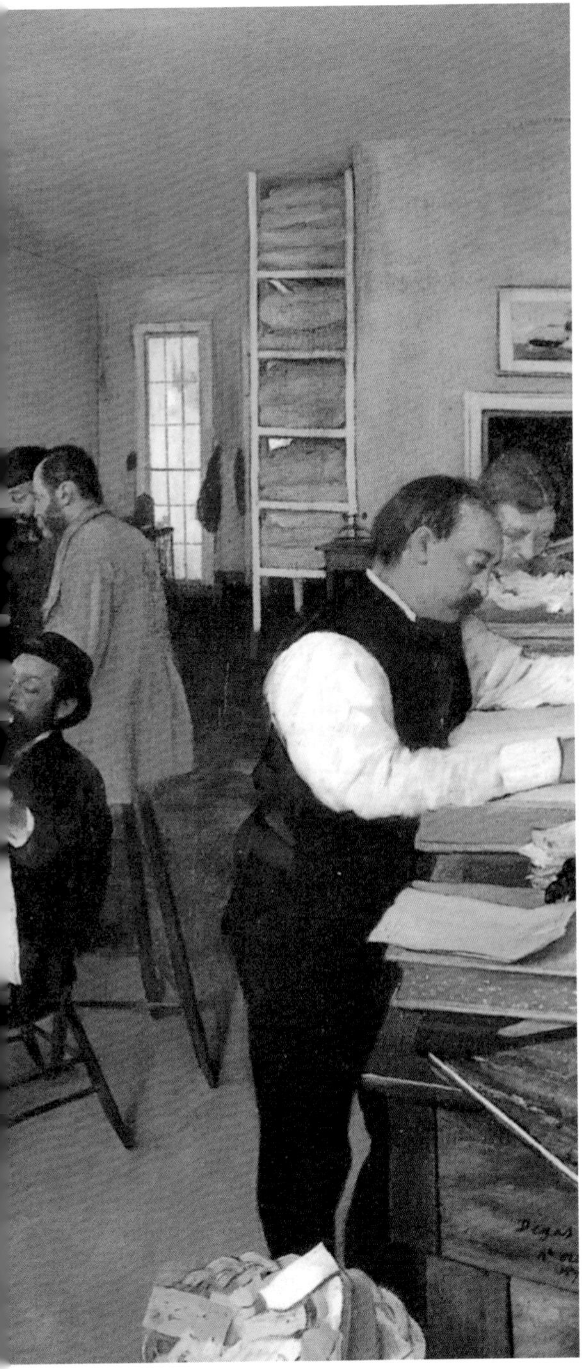

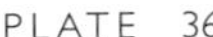

PLATE 36

竇加（Edgar Degas, 1834-1917）
紐奧良的棉花公司辦公室

1873 年
油彩畫布
73×92cm
法國波市市立美術館

1872 年，竇加與弟弟惹內前往美國路易斯安那州的紐奧良，拜訪在那裡開棉花公司的舅舅，那時這間公司正因紐奧良棉花交易所的設立和市場不景氣的夾擊而幾近倒閉；由於後來返回法國的行程延誤，竇加於是趁著餘暇，畫下了這間辦公室中眾人忙碌的情景。

畫中，竇加的舅舅戴著高帽子與眼鏡，坐在前景最顯眼的位置，檢視著手中的棉花，惹內坐在他背後看報紙，竇加的另一個弟弟阿契爾則站在左邊看著眾人，他們有些人正看著報表、有些人交頭接耳、有些人拿著棉花討論、有些人監工，在窗格另一頭的辦公室裡，還有人支著頭思考和辦公，全畫呈現出一片鬧烘烘的景象。

這幅畫對尋常生活場景的寫實擷取，在當時仍十分少見；同時此畫在第二次印象派畫展展出之後，旋即被剛成立的波市市立美術館買下，成為竇加第一幅進入美術館收藏的畫作。

PLATE 37

莫內

Claude Monet, 1840-1926

公寓一角

1875 年
油彩畫布
81.5×60.5cm
巴黎奧塞美術館

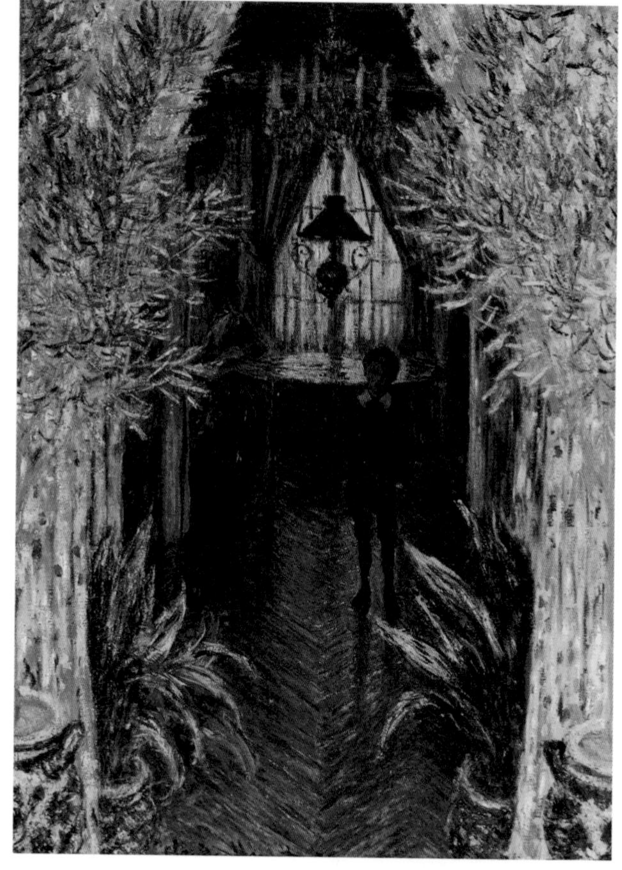

這幅畫中的公寓，指的是莫內在 1870 年代初於阿讓特伊（Argenteuil）的其中一個住處。那段時間的莫內經常以妻兒為作畫主題，這幅畫也不例外。畫中站在客廳過道的小男孩是莫內出生於 1867 年的大兒子尚，在更遠處坐著的女性身影，雖然看不清面孔，但很可能是莫內的妻子卡蜜兒。做為前景的大型盆栽給予了這幅畫一種有如窗景的縱向框架，沿著「人」字形花紋的木頭地板，四個藍白相間的花盆像窗簾一樣立在兩旁，邀請著觀者的目光向前挪動，穿過中央的小男孩，最後落在窗前的桌子和吊燈上。光線在這裡無疑扮演著重要的角色，向窗邊漸次加强的亮光不僅安排著目光的去處，猶如午後昏暗室內的效果，也為這幅室內景象賦予了一種夢境般的詩意。

PLATE 38

布拉克萊爾

Henri De Braekeleer,
1840-1888

坐著的男人

1875 年
油彩畫布
82×66.5cm
安特衛普皇家美術館

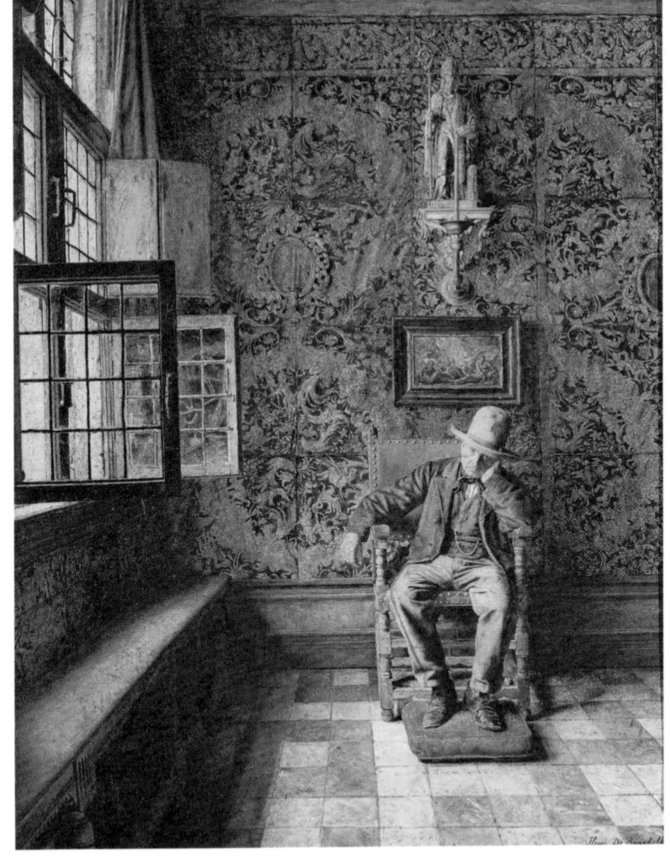

在紋樣古老而華麗的一面牆壁前，一名戴著帽子的老人坐在椅子上支頭沉思，光線從左方打開的窗戶湧進室內，雖然照亮了牆上掛著的古典繪畫和守護酒業的聖阿諾德斯雕像，但也顯露了房屋歷經風霜的歲月痕跡。這幅畫原來的名稱是〈釀酒屋的一個房間〉，所描繪的是一間從 16 世紀起就為安特衛普地區的酒廠提供水力的釀酒屋，經過三百年，到布拉克萊爾的時代，它的內部陳設都未曾變動，也因此才顯得如此古意盎然。

布拉克萊爾是比利時安特衛普的當地人，和父親與舅舅一樣，都以描繪日常生活景觀的風俗畫聞名。在這幅畫中，布拉克萊爾在這個歷史味濃厚的釀酒屋中放進了一個時代不同的老人，並給予老人沉思的表情，因而為這個場景注入了幾許思古幽懷的氣氛。

卡玉伯特（Gustave Caillebotte, 1848-1894）
彈鋼琴的男子

1876 年　油彩畫布　81.3×116.8cm　私人收藏

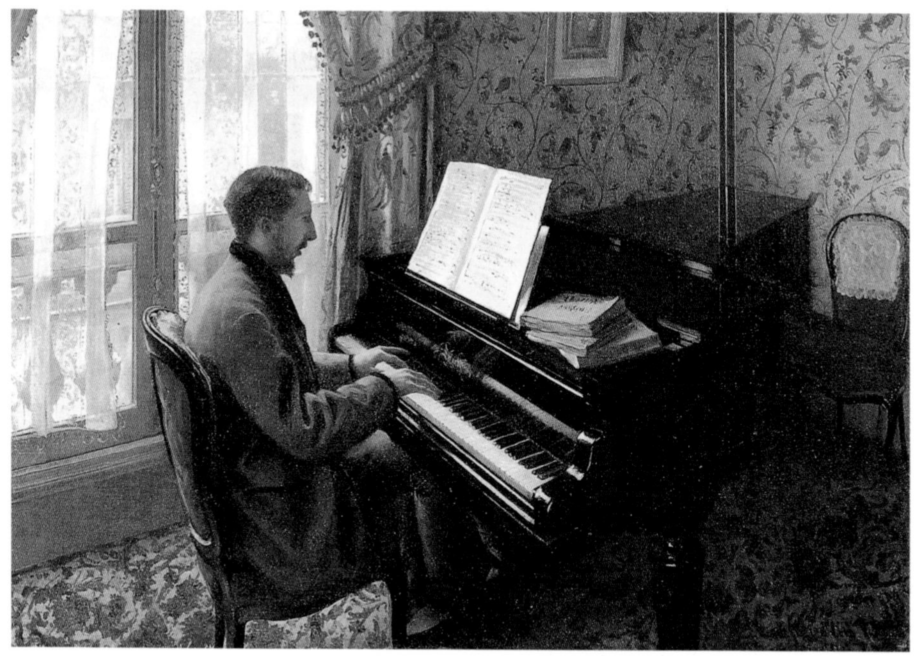

卡玉伯特出身於富裕家庭，是 19 世紀印象主義運動畫家團體的重要成員之一，參加過許多次印象派畫展。他的畫作內容及筆觸，很能刻畫出都市景觀清新的變化，蕩漾出一股雅致舒淡的生活情調。無論是他所畫的風景畫或人物畫，其中那種若有所思、帶有輕微憂鬱、疏離意味的調調，相當耐人尋味。

他除了自己作畫，也購藏了許多同時代其他畫家的作品，後來都捐贈給法國政府，現藏於巴黎奧塞美術館。

這幅坐在窗邊彈琴男子的畫作，正是描繪當時巴黎人士悠閒生活中的片段時光。透過窗戶上的白亮薄紗，照進室內的光線與白色琴譜、白色琴鍵相互應和，點亮了此畫中三角形的三處亮點，紓解了黑色鋼琴及褐花牆壁與地毯的暗沉，而紅色椅背的配色，更使得室內稍嫌嚴肅的氣氛溫暖柔和起來。

人生因藝術而豐富・藝術因人生而發光

藝術家書友卡

感謝您購買本書，這一小張回函卡將建立您與本社間的橋樑。我們將參考您的意見，出版更多好書，及提供您最新書訊和優惠價格的依據，謝謝您填寫此卡並寄回。

1.您買的書名是：______

2.您從何處得知本書：

□藝術家雜誌 □報章媒體 □廣告書訊 □逛書店 □親友介紹

□網站介紹 □讀書會 □其他

3.購買理由：

□作者知名度 □書名吸引 □實用需要 □親朋推薦 □封面吸引

□其他 ______

4.購買地點：______市（縣）______書店

□劃撥 □書展 □網站線上

5.對本書意見：（請填代號1.滿意 2.尚可 3.再改進，請提供建議）

□內容 □封面 □編排 □價格 □紙張

□其他建議 ______

6.您希望本社未來出版？（可複選）

□世界名畫家 □中國名畫家 □著名畫派畫論 □藝術欣賞

□美術行政 □建築藝術 □公共藝術 □美術設計

□繪畫技法 □宗教美術 □陶瓷藝術 □文物收藏

□兒童美育 □民間藝術 □文化資產 □藝術評論

□文化旅遊

您推薦 ______ 作者 或 ______ 類書籍

7.您對本社叢書 □經常買 □初次買 □偶而買

廣 告 回 郵
北區郵政管理局登記證 北 台 字 第 7166 號
免 貼 郵 票

藝術家雜誌社 收

100 台北市重慶南路一段147號6樓

6F, No.147, Sec.1, Chung-Ching S. Rd., Taipei, Taiwan, R.O.C.

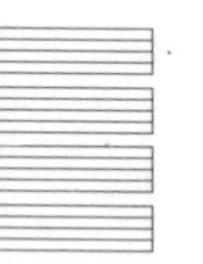

Artist

姓　　名：＿＿＿＿＿＿ 性別：男□ 女□ 年齡：＿＿＿＿

現在地址：＿＿＿＿＿＿

永久地址：＿＿＿＿＿＿

電　　話：日／＿＿＿＿＿＿ 手機／＿＿＿＿＿＿

E-Mail：＿＿＿＿＿＿

在　　學：□ 學歷：＿＿＿＿＿＿ 職業：＿＿＿＿＿＿

您是藝術家雜誌：□今訂戶 □曾經訂戶 □零購者 □非讀者

客戶服務專線:**(02)23886715** E-Mail:**art.books@msa.hinet.net**

PLATE 40

達仰－布維瑞（Pascal-Adolphe-Jean Dagnan-Bouveret, 1852-1929）
攝影師工作室中拍婚照

1878-79 年　油彩畫布　81.9×120cm　里昂市美術館

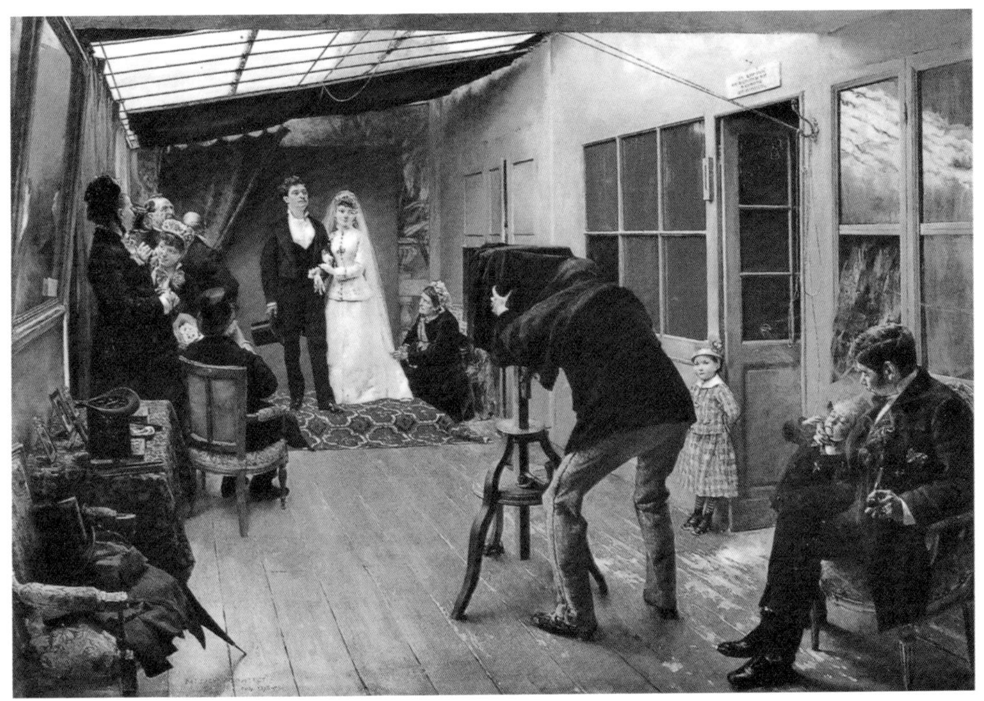

達仰是中國名畫家徐悲鴻在巴黎美術學院學習時的老師；他自己則是法蘭西學院派繪畫大師傑羅姆的學生。1876 年得到過羅馬大獎第二名，除了參加沙龍展，也嘗試作宗教畫，不過他尤以替法國貴族畫肖像而最著稱，繪畫生涯相當耀眼。

拍婚紗照在今天的社會裡已相當普遍，但達仰所畫的這幅作品，卻是記錄了 19 世紀新媒體攝影剛起步時的生活景象，真實而有趣。此作除了具有藝術價值，也是一幅珍貴的時代場景的刻畫。

熱鬧的攝影師工作室裡，聚集了一對新人和親朋好友，透光的天窗將室內照得一片明亮，連地板都閃著光芒；攝影師這時已將頭鑽進攝影機的布幕，準備拍下這值得紀念的一刻。

PLATE 41

卡玉伯特（Gustave Caillebotte, 1848-1894）
郝斯曼街陽台上的男人

1880 年　油彩畫布
116.5×89.5cm　私人收藏

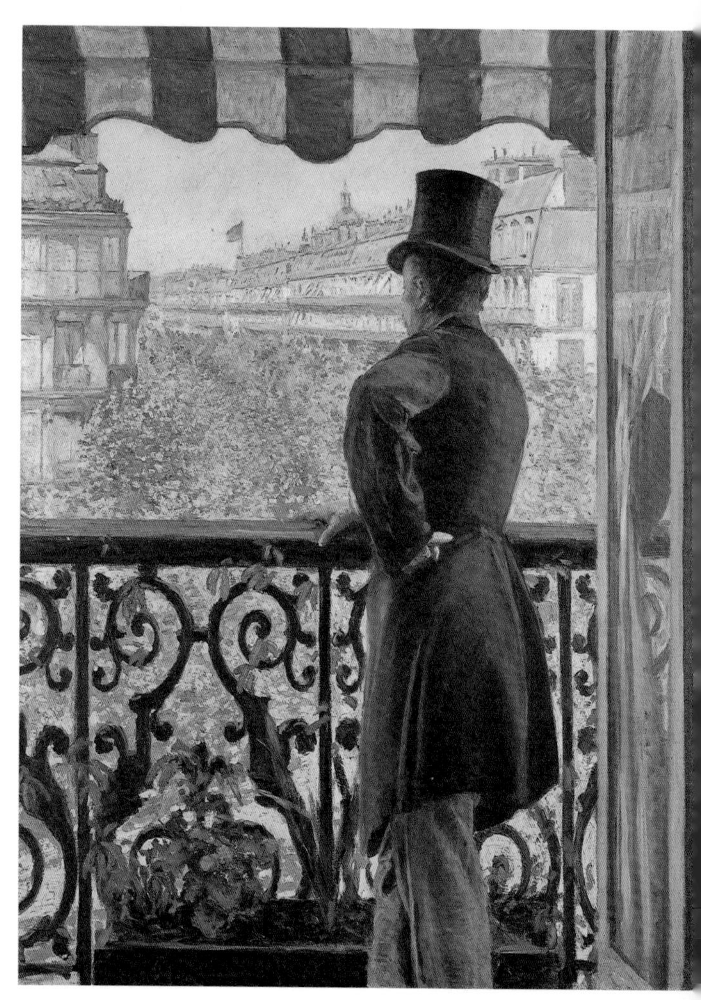

卡玉伯特被稱為法國印象派的異鄉人。他描繪過許多畫作，喜從室內窗邊眺望窗外亮麗風景或是巴黎街景的人物，以及都會生活所見所聞，能將自然界明麗的外光感覺和豐富的色彩呈現出來。其畫作中表現的生活情節，十分優雅動人。

這幅畫中從陽台向外眺望的男子，身著正式禮服、頭戴禮帽，一手支腰側身站立於畫面右方，與畫面最右的垂直落地玻璃窗平行；而畫面中另有兩道水平橫線，一為上端紅白相間的遮陽篷，一為中間雕花圍欄的扶手；這四條主軸線的規劃，使畫面異常穩固。光線方面，室內近景色彩濃郁，陽台外的街景則淡亮而薄遠。觀者由內而外、由近望遠地被外光吸引，呈現窗裡窗外截然不同的兩種場景與心情，畫家成功展現出來他筆下的魅力。

PLATE 42

高更（Paul Gauguin, 1848-1903）

窗邊的瓶花

1881 年　油彩畫布　19×27cm　雷恩美術館

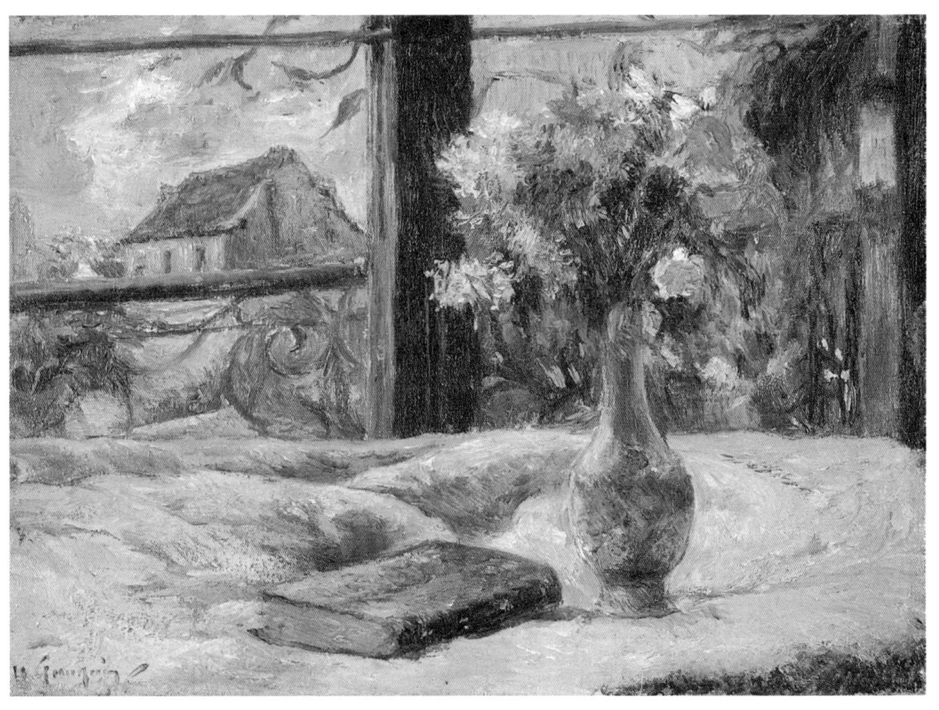

高更是一位充滿異國情調的後期印象派傳奇畫家。他在厭倦了巴黎的文明社會，嚮往南太平洋上未開化的自然世界之後，毅然遠走大溪地島，開拓另一番個人使命般的藝術生涯。

他以強烈單純的色彩、粗獷奔放的筆觸，以及原始民俗風味的裝飾性美感，成就了他與衆不同的藝術。

不過早期仍在文明社會裡的他，也像其他印象派畫家一樣喜歡描繪桌上靜物，〈窗邊的瓶花〉即是高更早期的作品，此畫採用中間調子，色彩一點也不强烈，與他之後的用色差距頗大。此畫窗內靜物與窗外景物的距離感並不明確，花朵上端與窗外的屋頂位置同在一條水平線上，不過波浪起伏的桌布與紛亂的花朵，傳達著騷動的感覺，使畫面產生出活力。

畢沙羅

Camille Pissarro, 1830-1903

喝咖啡加牛奶的農婦

1881 年
油彩畫布
65.3×54.8cm
芝加哥藝術學院

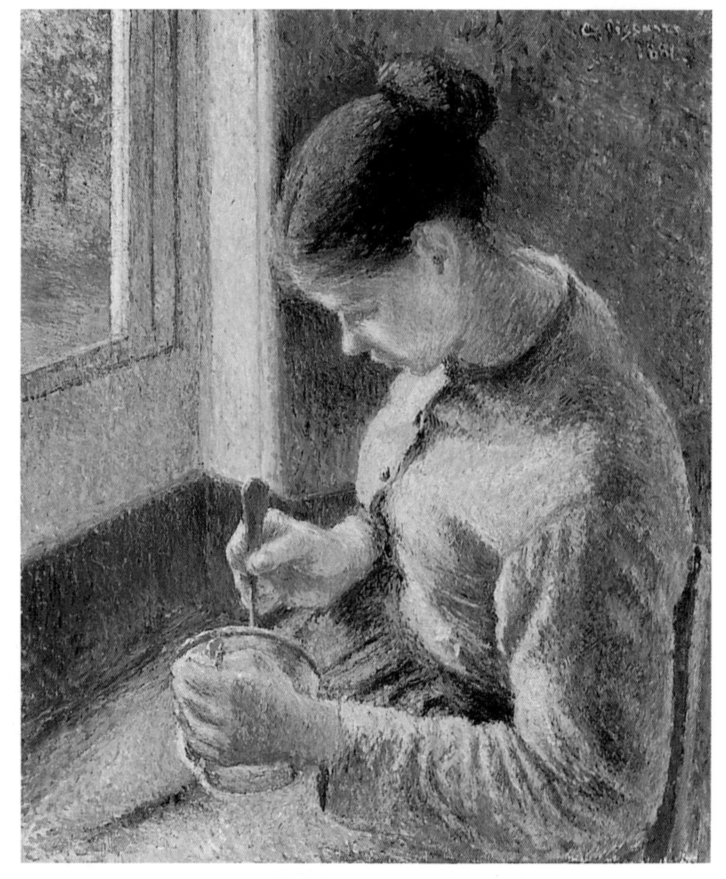

畢沙羅以光學的調色方式代替顏料的調色，使得他所畫出來的繪畫，光度與彩度都格外强烈，帶有一種光彩耀眼的美感，成為他藝術中的一大特徵。

畢沙羅一生創作量豐富，繪畫題材以街景或大自然中風景居多。他也是法國印象派畫家中的代表者之一，由於他是印象派畫家當中輩分較高的長者，很受其他畫家的敬重，塞尚與高更也都尊他為師。

〈喝咖啡加牛奶的農婦〉是畢沙羅所畫一幅構圖較為單純的人物畫。畫中的少女臨窗而坐，正用湯匙攪拌杯裡的咖啡；此時清晨的光線放肆地灑落在女孩的臉上、身上，整個畫面上光影溫柔地閃動著，加上藍紫色調的統一鋪排，給人一種晶亮、舒服的感覺，美好的一天即將開始！

PLATE 44

席涅克（Paul Signac, 1863-1935）
蒙馬特的畫室

1882-83 年　油彩畫布
60×38cm　私人收藏

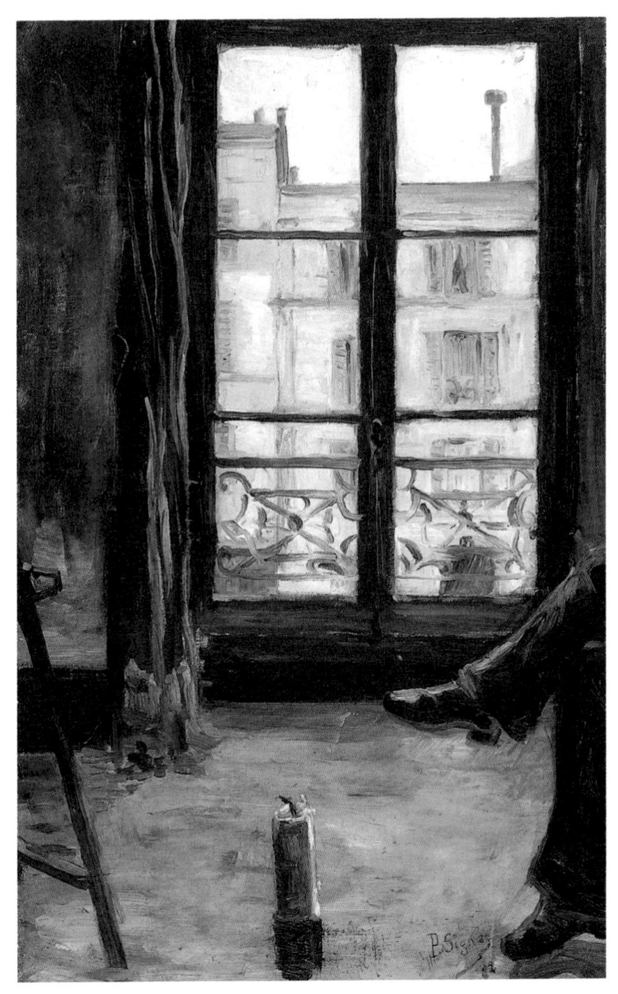

〈蒙馬特的畫室〉是席涅克十九歲時的畫作，他早期的畫風接近莫內，到 1892 年之後作畫的技法始有了改變，他與秀拉（Georges Seurat）一起以點描筆觸創作，以原色的小點排列或交錯成全幅畫面，須靠觀者的眼睛自動產生調色作用，產生明暗及色彩效果，這種筆觸，近距離看則像繽紛的鑲嵌畫。

這幅畫的構圖十分特別，畫中除了落地玻璃窗有完整的呈現之外，右邊僅畫了一位翹起二郎腿男士的褲腳及鞋子，下方有個熄了火的胖蠟燭，左下方則畫了畫架的一隻腿。因此，觀眾的視線自然會落到那扇明亮的落地窗上，窗外是一片淡黃色整齊的房舍，與室內地板透出的黃色互為牽引，似乎屋內畫家的心思早已不放在畫上，隨著熄滅的燭火一起打烊，飛往窗外白晃晃的天際去了。

安卡（Anna Ancher, 1859-1935）

廚房內的女子

1883-86 年
油彩畫布
87.7×68.5cm
哥本哈根赫肾斯普隆收藏館

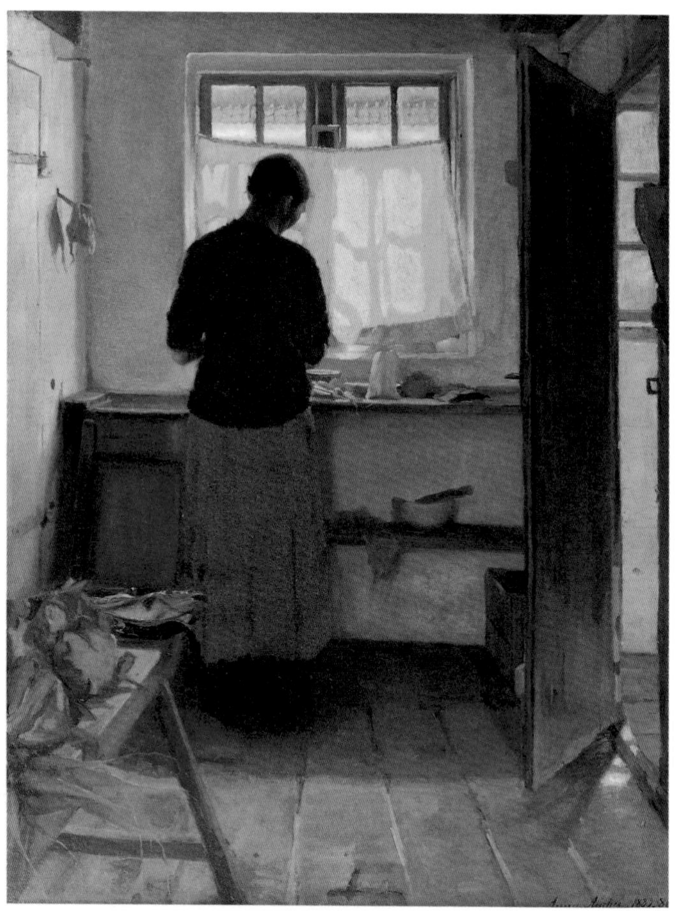

北歐藝術，19 世紀時從學院主義過渡到寫實主義的過程比較温和，而北歐繪畫史上也少有統一的畫派名稱，其中「斯卡恩畫派」（Skagen Painters）是較值得注意的一個派別。

斯卡恩位於丹麥的北部，1870 年代此地聚集了許多畫家，代表人物包括有邁可．安卡（Michael Ancher）及他的妻子安娜．安卡，安娜也就是本畫的作者。

安娜．安卡善於透過室內景致，來描繪斯卡恩地區居民的日常生活，這幅〈廚房內的女子〉是她婚後之作。畫中婦人背對著觀衆，穿著黑色上衣及大紅色長裙，修長的身影與畫面右方的門板平行，使構圖更加堅實而穩妥。畫中婦人默默地張羅著廚房裡的工作，左前方的長桌上還散置著新鮮蔬菜；從窗簾滲入廚房的陽光，暖烘烘地投射在室內每個角落，一股北國暖陽的温厚於是瀰漫全室，在這種靜謐的氣氛裡，很能顯現出平淡生活中的小幸福。

PLATE 46

席涅克（Paul Signac, 1863-1935）

早餐（用餐室）

1886-87 年

油彩畫布

89×115cm

荷蘭庫拉－穆勒美術館

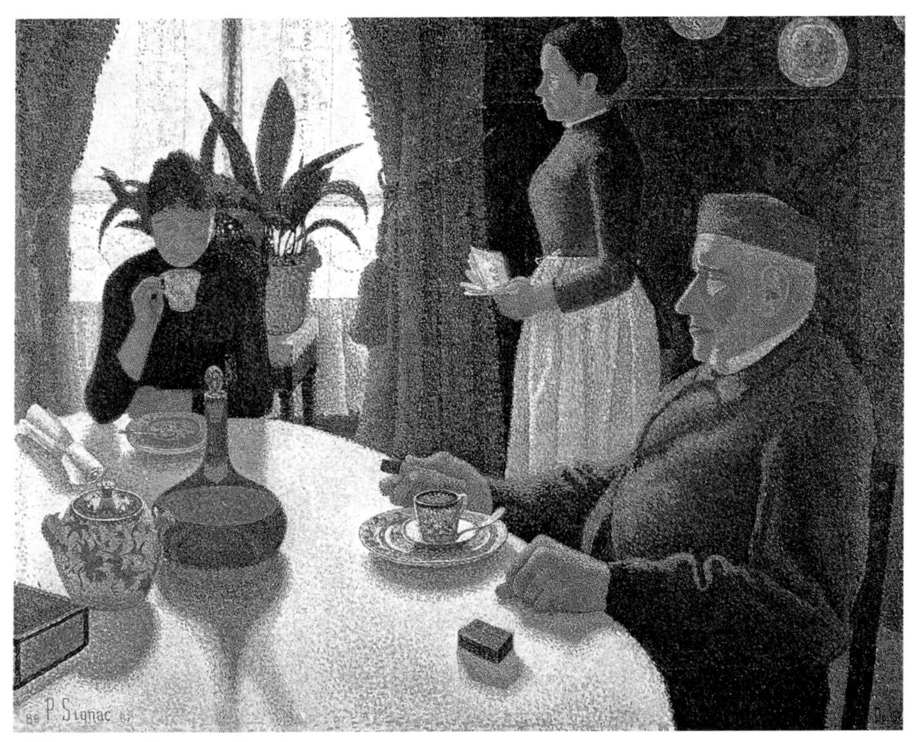

早晨的餐桌上，明亮的光線從窗戶照射近來，席涅克運用細緻緊密的色彩點描方法，捕捉住圍著圓桌而坐吃早餐的男女形體，畫面映現安祥和諧的氣氛。

這幅畫是席涅克的早期作品。席涅克是秀拉畫法的繼承者，兩人同為新印象主義點描畫派的指導者及代表畫家。不過，席涅克的畫風比較自由，色點或長或短，變化靈活，色調也較明澈，富有輕鬆感。

PLATE 47

李伯曼

Max Liebermann, 1847-1935

麻布紡織女

1887 年

油彩畫布

134×231cm

柏林國立藝廊

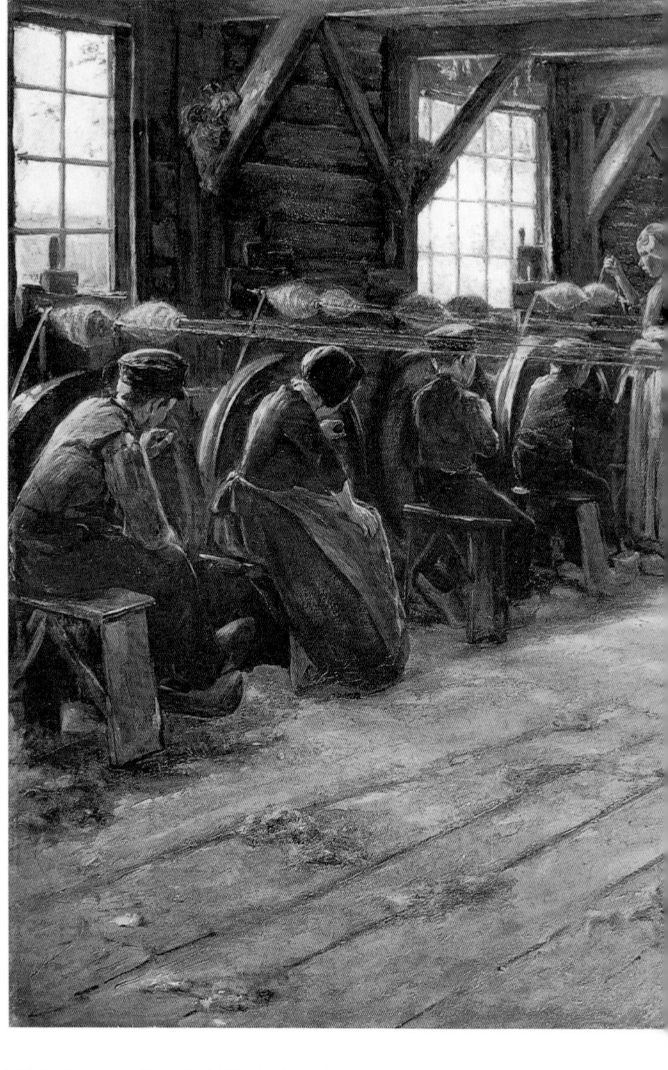

李伯曼出生於柏林，學習於此，活躍於此，是柏林分離派的指導者，之後又擔任柏林美術學院的總裁，可稱得上是一位純粹柏林畫家。他在德國繪畫史上最重要的角色是，除了以門采爾等人的德國寫實主義傳統為基礎外，積極嘗試導入法國巴比松畫派、荷蘭海牙畫派，將德國繪畫拼組到全歐洲性的美術潮流當中。

這張作品代表他前半時期的自然主義作風，强烈反映著同時代的荷蘭傾向。在構圖

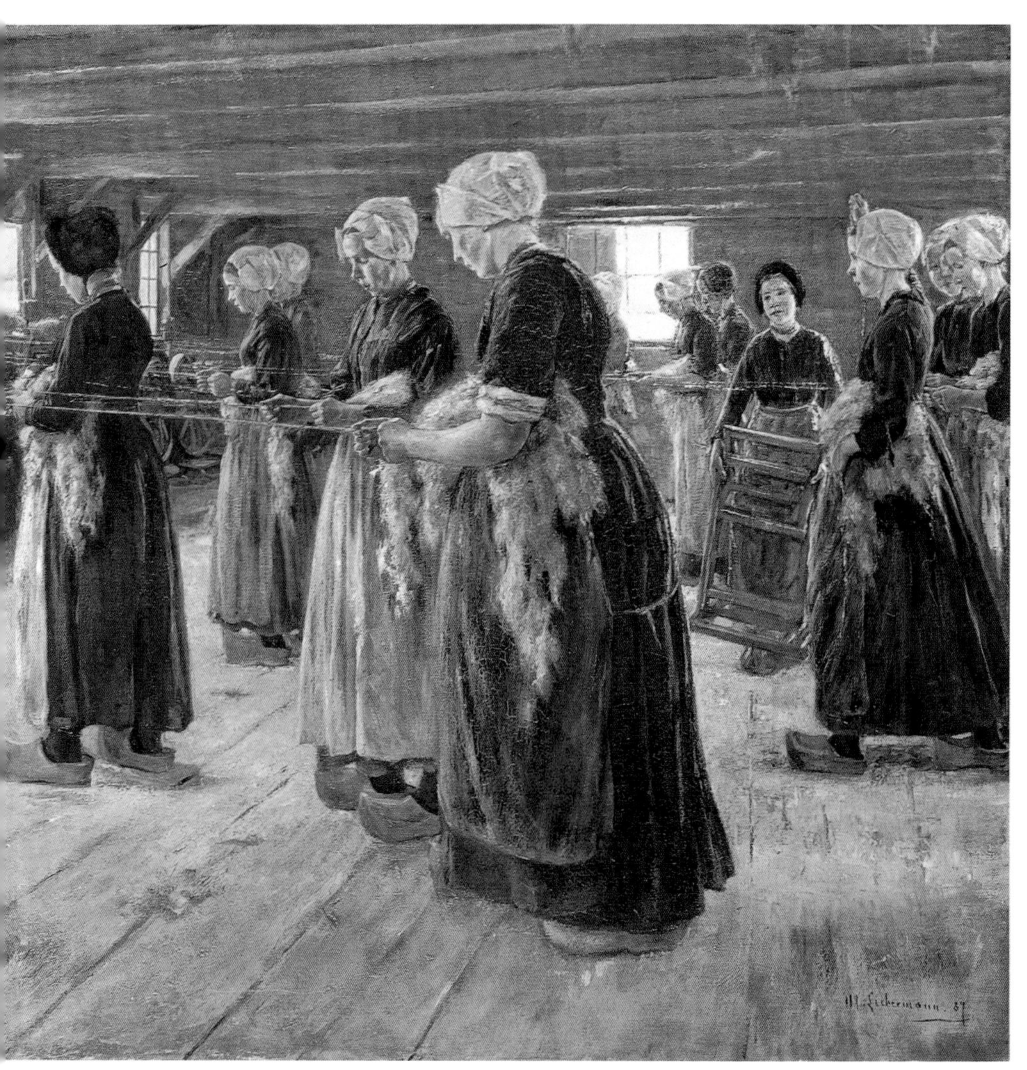

縝密、人物眾多的畫面裡，呈現出當時紡織工人辛勤工作的拉線情景。偌大的木板屋內，周圍是一列窗戶，明朗的光線清晰地照耀著各司其職、分置於畫面左、中、右三方的人員。

畫面水平線條的屋頂，配上斜條紋方向的地板，使空間推遠，縱然人物占滿畫面的中段，卻因前方的留空，使全畫熱鬧而開闊，一點也不擁擠。

阿瑪－塔德瑪夫人（Lady Laura-Thérésa Alma-Tadema, 1852-1909）

望向窗外（陽光）

年代未詳　油彩畫布　61.5×39.5cm　私人收藏

一個風和日麗的豔陽天，和煦的光線穿過窗戶照進屋內，吸引小女孩攀上椅子坐到窗台上。清新的畫面，透露著小女孩內心的渴望，室外一片綠草如茵，可好玩呢！

英國女畫家蘿拉，是維多利亞時期的代表畫家阿瑪－塔德瑪（Alma-Tadema）的學生，後來也成為他的第二任妻子。蘿拉的畫風雖然承襲於阿瑪－塔德瑪，但她受到17世紀荷蘭畫派的影響更多，如居室場景的設定、光線的運用與構圖等。

就題材而言，蘿拉與阿瑪－塔德瑪一樣都描繪古典主題與場景，但她有更多以小孩或婦女為創作主題的畫作，除了描繪日常生活中的溫馨與寧靜，畫作中更展現出纖細而善感的調性。這幅〈望向窗外〉即是蘿拉典型的風格。

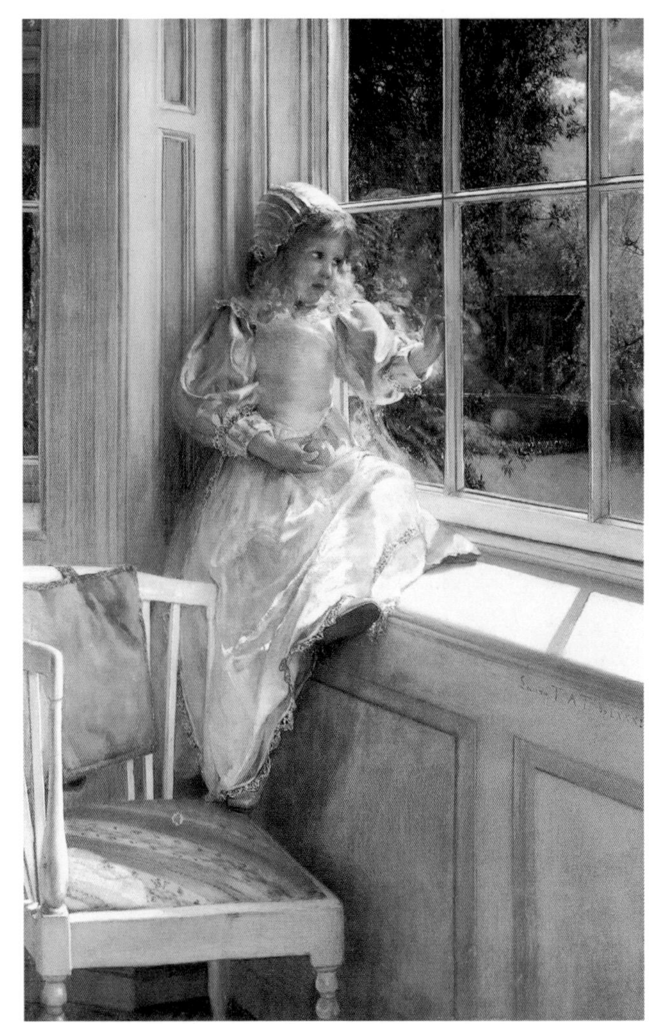

PLATE 49

梵谷（Vincent van Gogh, 1853-1890）

療養院裡的畫室窗戶

1889 年 9-10 月

油彩、黑粉筆、畫紙

62×47cm

阿姆斯特丹梵谷美術館

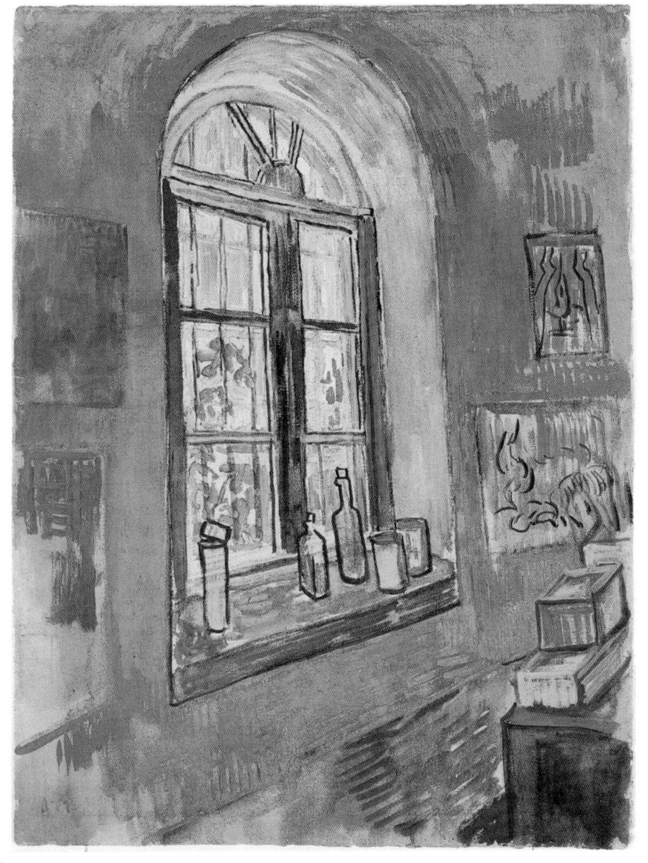

1889 年 5 月，在與高更的衝突導致割耳事件發生五個月後，飽受精神折磨的梵谷離開傷心地阿爾，來到不遠處聖雷米的一間療養院住下。這間名為聖保羅療養院的精神病院，就是他著名的〈星夜〉誕生的地點。然而，和〈星夜〉所表現的那種燦爛相反，療養院其實是個枯燥無聊的地方，梵谷在這裡雖然可以見客，也能在庭園中走動，但與外界的隔絕仍大幅限制了他的題材，院裡的窗戶、門廊，庭園中的鳶尾花、絲柏樹、橄欖樹等，於是成了他這時期最常見的主題。

此畫完成於梵谷入院四個月後，此時的他除了寢室外，隔壁的病房也在弟弟西奧的貼心安排下，成為他的畫室，畫中擺放著瓶瓶罐罐的窗台，就來自這間畫室。梵谷時常靠著這個窗台，觀看並描繪鐵欄外的世界，也許是托這段「讓生活有條理了起來」的日子之福，他在聖保羅療養院僅短短一年，就創作出了一百五十幅畫作，為他一生中最多產的時期。

PLATE 50-1

孟克

Edvard Munch, 1863-1944

吻

1897 年
油彩畫布
99×81cm
奧斯陸孟克美術館（右圖）

50-2

1895 年
銅版蝕刻
38.9×49.5cm
奧斯陸孟克美術館（右頁圖）

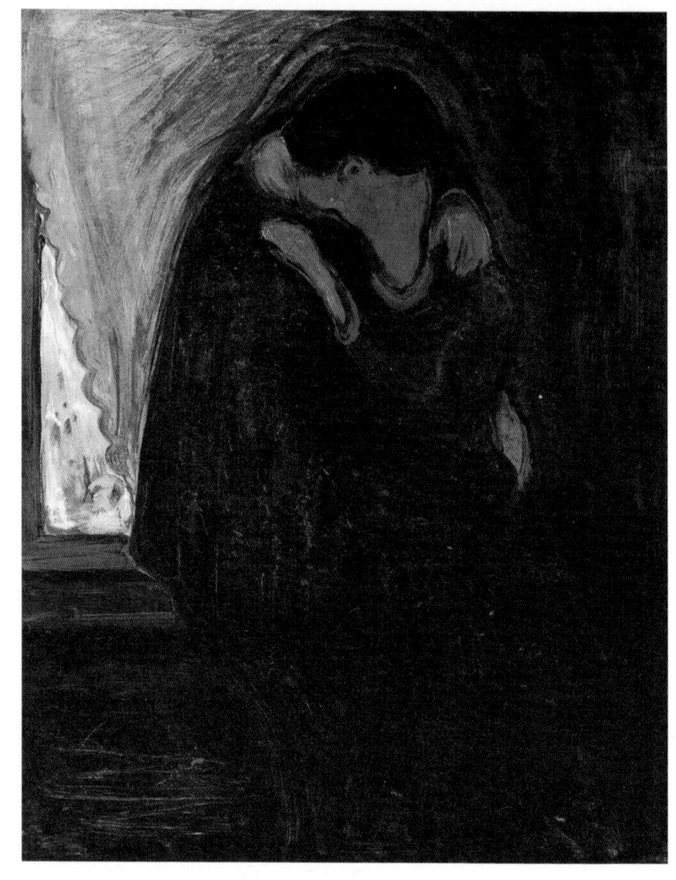

孟克曾以這幅〈吻〉的構圖繪製了數幅油畫、木板畫和銅版畫，特別的是，除了兩人的輪廓已簡化為抽象線條的木板畫外，在油畫與銅版畫中，孟克都將這對情侶放在一扇窗前，形成了外界與內心、理性與情感的對比。

在油畫中，隱沒在幽暗中的兩人身體和臉部相連，幾乎不分彼此，但在畫面的左邊，窗簾昭然若揭似地掀起一角，為兩人世界帶來了外界的動靜和時間的流動。在早先的銅版畫中，孟克則將姿勢相同的兩人畫為裸體，且置於敞開的窗簾前，連對街的大樓窗影都依稀可見，強烈反襯出兩人置外界於腦後的激情。

被譽為表現主義先驅的孟克，畫作經常描繪濃烈而深沉的情感，油畫〈吻〉中渾然一體的兩人、銅版畫〈吻〉中的裸身依偎，儘管方式不同，都表現出了這種純粹的愛情。

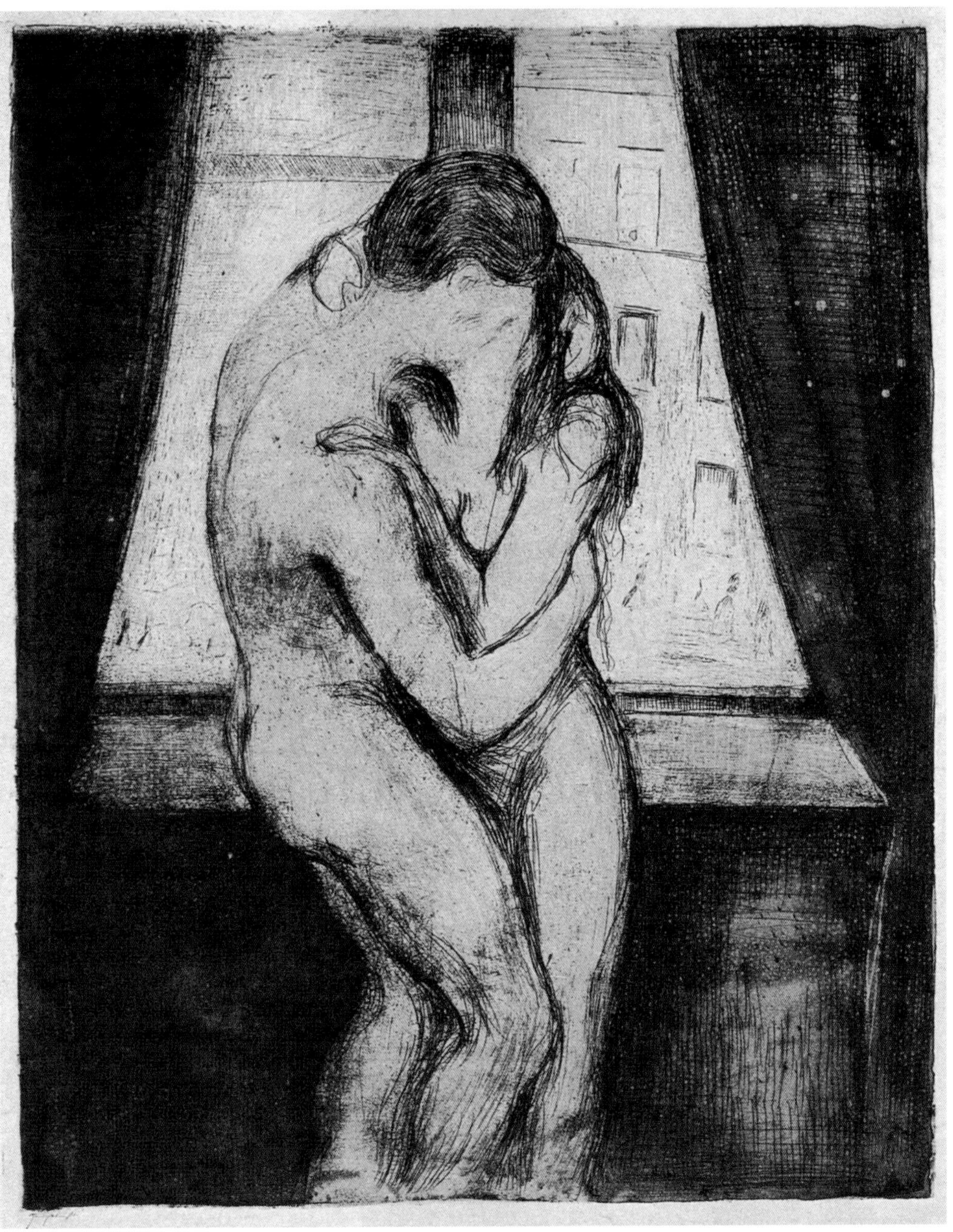

威雅爾（Édouard Vuillard, 1868-1940）

室內，窗邊婦人

1900 年
油彩木板
62.9×57.8cm

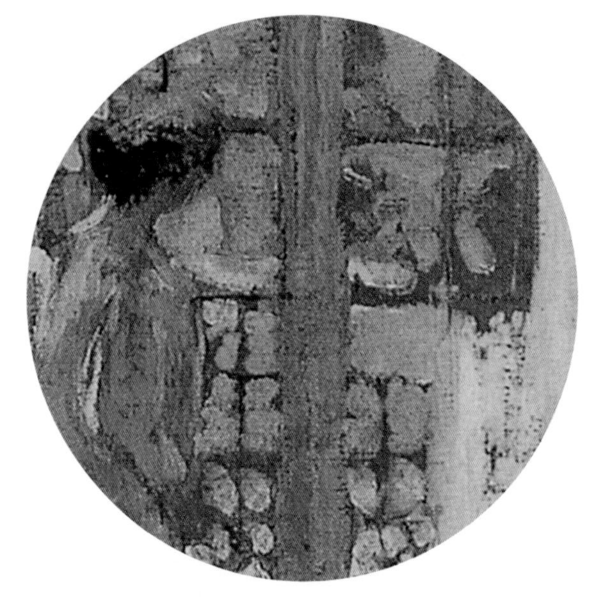

威雅爾是個喜歡畫室內景象的畫家，窗戶在他的畫裡自然不可或缺。在這幅畫中，窗邊的黃衣婦人望向窗外，窗外有什麼呢？從威雅爾筆下的許多窗景來看，不過是對面樓房的窗影或屋頂一角而已。當畫中人物望著窗外看似無奇的街景，他們身後色彩與裝飾繁複的地毯、家具、壁飾等，則成了畫家的實驗與觀者目光留連的所在。

威雅爾是 1890 年代法國茱莉安學院學生組成的那比派（Les Nabis）的代表人物。吸收了印象派的色彩實驗與新藝術與設計的平面性構圖，他和其他那比派成員色彩濃郁、視角新穎的畫作，充分體現了 19 與 20 世紀之交邁向多元的藝術轉折。

這個轉折不僅是技術上的，也是思維上的。威雅爾畫中的窗外雖然多為庭園花叢，但也有不少是屋角與窗格，正是都市常見的景象；背對著觀者或專注於手中工作的人物，則在裝飾意味濃厚的構圖下多了一分距離感。雖然畫的是室內，威雅爾的畫作卻透露了現代都市的氛圍與心境。

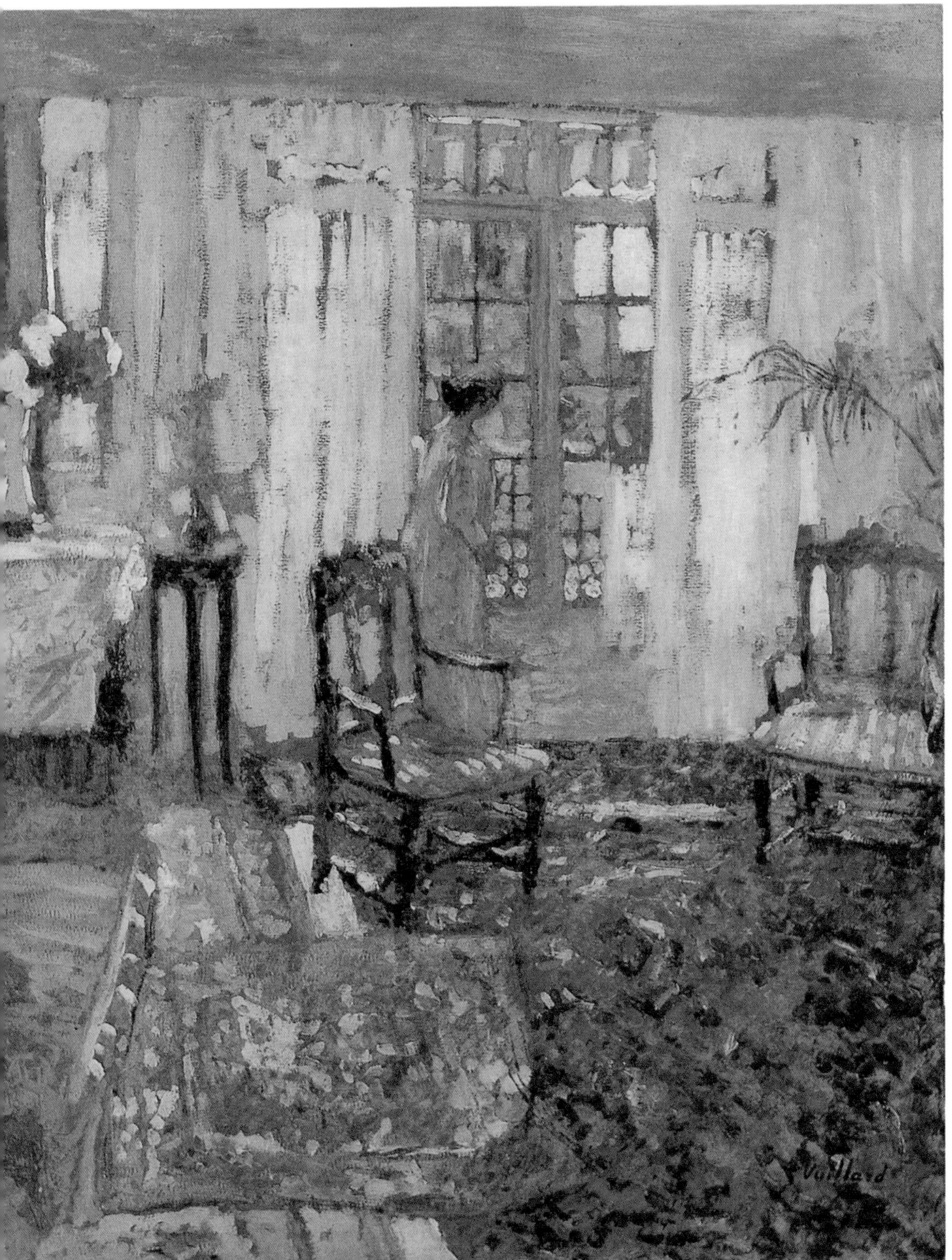

PLATE 52

卡莎特

Mary Cassatt, 1844-1926

縫紉中的年輕母親

1900 年
油彩畫布
92.4×73.7cm
紐約大都會美術館

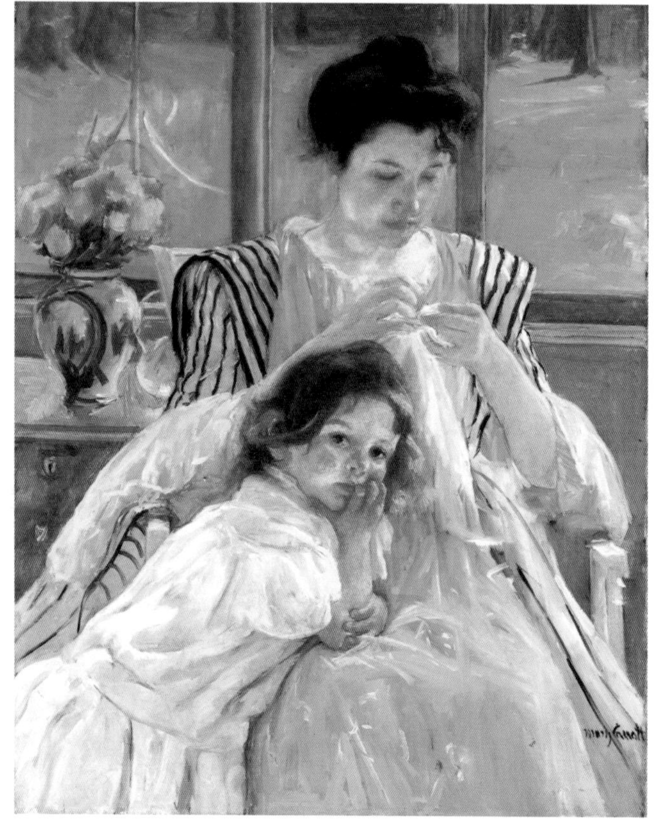

身為印象派女性畫家，卡莎特和莫莉索（Berthe Morisot）一樣，囿於時代對女性的種種限制，其畫作主題多半圍繞在親友家人身上，特別是以女性為主的居家場景上。親子間的互動點滴，於是一再出現在卡莎特的畫面中。

這幅畫所描繪的就是小女孩在母親膝上撒嬌的模樣，母親雖然年輕，但應該早已習慣了孩子莽莽撞撞，所以拿著針線的她文風不動，一派安詳地照樣縫衣。

此時的卡莎特，歷經早年習畫的不順遂、風格的掙扎和印象派時期的磨練，早已是個年輕畫家爭相請益的前輩畫家，她畫中的人物也從親友轉而以專業模特兒居多。這張畫中彷若母女的兩人其實是卡莎特所喜歡的兩個模特兒，不是真的母女。儘管如此，在卡莎特嫻熟的畫筆下，任誰也不會懷疑，這張以她的巴黎莊園温室為背景的窗前圖像，表達的正是親密的母女情誼。

PLATE 53

馬諦斯

Henri Matisse, 1869-1954

敞開的窗，科列烏爾

1905 年
油彩畫布
55.3×46cm
華盛頓國家畫廊

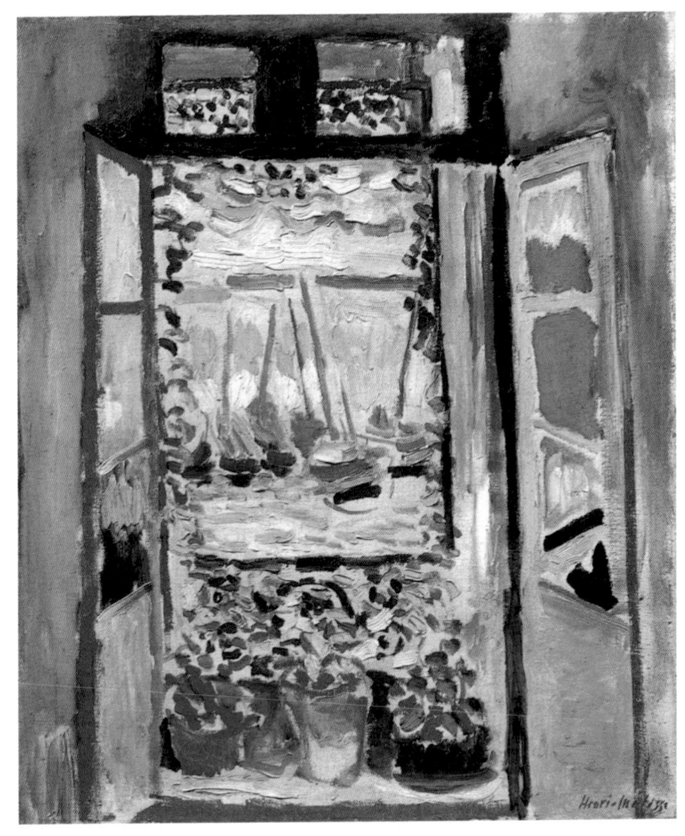

這幅畫繪於 1905 年，即野獸派誕生的那一年，粗短的筆觸和鮮豔的色彩將初期野獸派的直接猛烈表露無遺。當年，馬諦斯在和畫友德朗（André Derain）同遊南法的濱海小鎮科列烏爾（Collioure）時畫下此畫，隨後於同年的秋季沙龍中展出。不料展後苛評紛至，不僅是馬諦斯和德朗，連不同路的盧梭（Henri Rousseau）也受波及，被藝評家路易・牟雪爾（Louis Vauxcelles）一概劃歸為「野獸」一流。戲劇性的是，牟雪爾為放在同個展間的文藝復興雕塑家唐那提羅（Donatello）的作品抱屈的評語：「唐那提羅被野獸（fauves）包圍了！」後來竟成了「野獸派」（Fauvism）一詞的來源。

其實，野獸的奔放不過是外表，底下正潛伏著馬諦斯絕佳的色感與筆法。以此畫來說，從包圍著窗戶的兩邊牆壁、兩扇窗戶、放置著花盆的窗台，一直到畫面中央的船隻，由外向內的每一層框架，都包含著對色彩的平衡對比、筆觸的長短變化的仔細考量。在這裡，馬諦斯也為窗景帶來了一種現代詮釋：窗戶不僅開向一片景色，它本身也成了景色的一部分。

PLATE 54

海兒

Ellen Day Hale, 1855-1940

六月

1905 年
油彩畫布
61×46cm
華盛頓女性藝術美術館

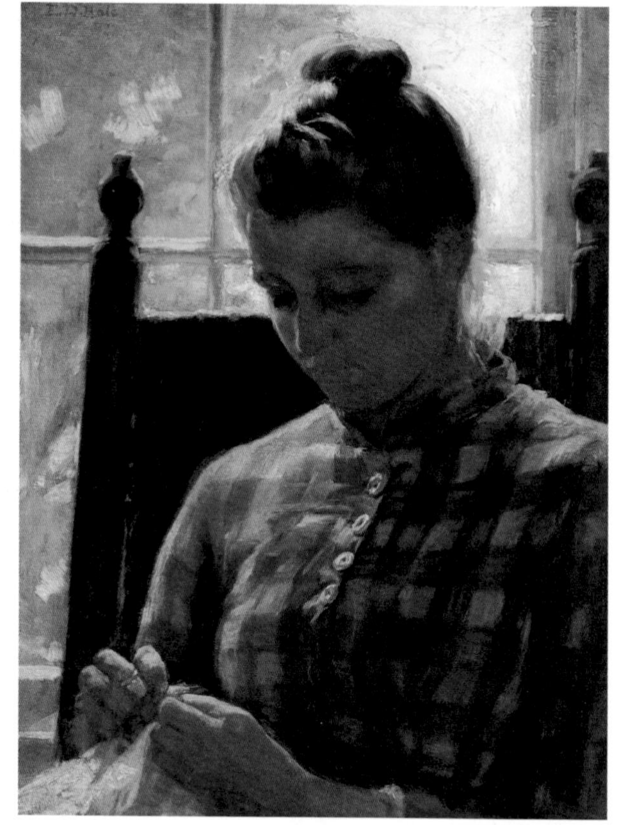

海兒是一位美國著名的肖像畫家，她也畫風俗畫、靜物畫和風景畫。她出生於麻州的名門望族，早年隨畫家莫里斯．罕特（William Morris Hunt）學畫，後來遠赴歐洲，1881 至 1885 年在巴黎進入克拉羅須學院習畫，並入茱莉安學院受教於名師布格羅（William Bouguereau）。1885 年海兒以〈持扇婦人〉為題的自畫像入選巴黎沙龍，這一年她回到美國，之後活躍於藝術界。

〈六月〉是她的代表作之一，此畫描繪窗邊繡花的女性，窗外日光滿溢室內，也灑在繡花女人的身上，這個主題是海兒在法國接觸印象主義畫家所常畫的景物。明亮的玻璃窗與暗色高背椅、女性的髮絲與衣服的白格子，形成明與暗之對照，具強弱的筆觸描繪出陽光照進室內的明亮感，構圖安定且雍容大器，畫出了家庭親密感及靜寂氛圍。

PLATE 55

馬諦斯（Henri Matisse, 1869-1954）

對話　1908-12 年　油彩畫布　177×217cm　聖彼得堡冬宮美術館

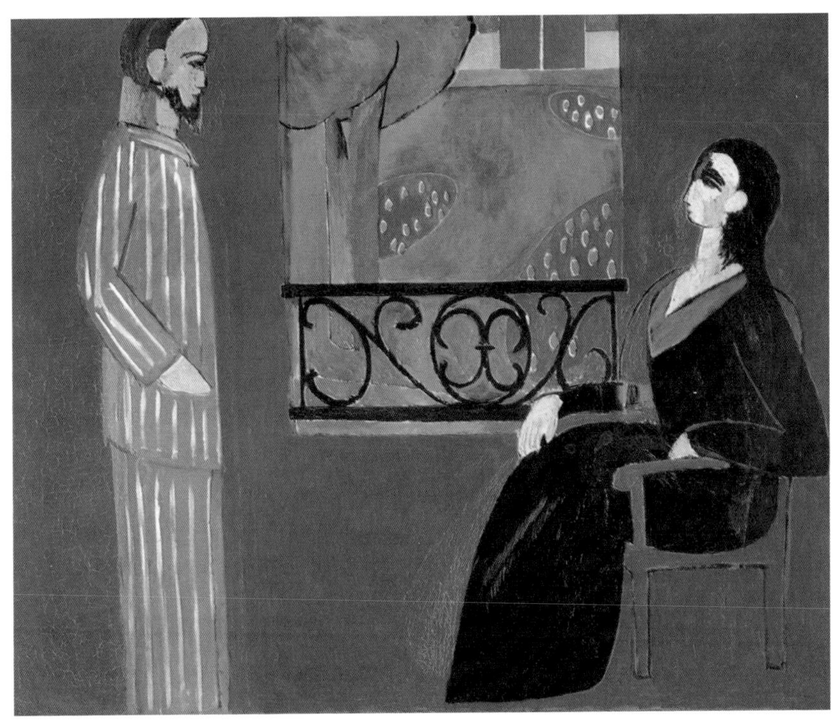

就如 20 世紀初的許多藝術潮流一樣，野獸派在 1905 年引起軒然大波後不久就分崩離析，但這一點兒也不影響馬諦斯的生涯發展；甚至，自 1906 年開始的十年間，才是這位野獸派宗師真正的創作高峰期。

這幅出自這段期間的畫作，描繪著藝術家和他的妻子艾蜜莉的對話場景，構圖簡單，看似對峙的兩人中間除了一個方框的窗景，此外就是大片的藍色。照理說，既然有窗戶，那麼這片藍色應該是牆壁，但許多論者並不這麼以為，他們認為幾近抽象的構圖大幅沖淡了牆壁的物理性，毋寧說，這片藍色正象徵著兩人的心理與情感狀態。

細看對話的雙方，一邊是身穿直條紋睡衣、站得直挺挺的馬諦斯，一邊是穿著軟袍、坐在椅子上的艾蜜莉，一直一曲，和窗框中的堅直樹幹與捲曲窗花彼此呼應。這段直曲之間的「對話」，道出了兩性之間的關係與張力。

德洛涅

Robert Delaunay,
1885-1941

看向城市同時開啓的窗（兩幅之一）

1912年
油彩畫布
46×40cm
漢堡美術館

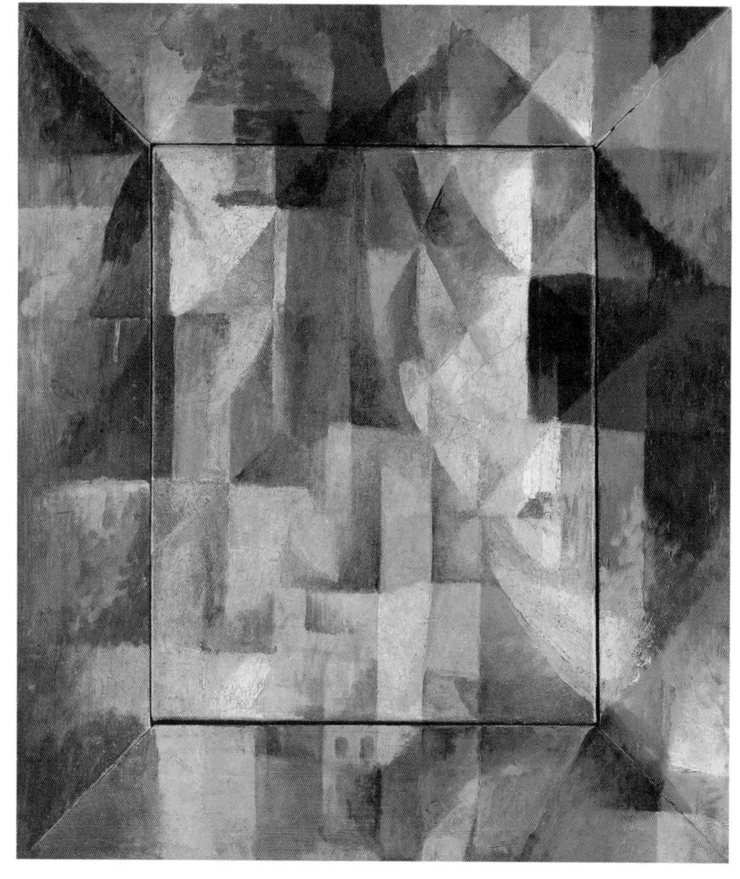

在20世紀初雲起龍驤的藝術潮流中，法國藝術家德洛涅和妻子索妮亞・特克（Sonia Terk）對奧菲主義（Orphism）的終生執著不可謂不突出。這個在1910年左右曇花一現的潮流從立體派中孕生，採擷了化學家謝弗勒（Michel Eugène Chevreul）對色彩同時對比性的理論，而專注於以明亮色彩和抽象造型經營畫面。雖然很快就被後起的前衛聲浪所淹沒，但其影響卻可在同一代藝術家如馬爾克（Franz Marc）、克利（Paul Klee）等人的畫中見到。

這幅畫誕生於「奧菲主義」一詞出現的兩年後，從標題「同時開啓的窗」就可以感受到謝弗勒的理論對德洛涅畫作的影響。窗戶在這裡成了同時開向窗外景色與人類視覺感知的渡口，雖然層層鋪疊著各種觀點和對比色，卻交織成了一派和諧的畫面。

PLATE 57

沙金（John Singer Sargent, 1856-1925）

吉諾亞的窗外景致

約 1911 年　水彩、油彩、畫紙　40.3×53cm　倫敦大英博物館

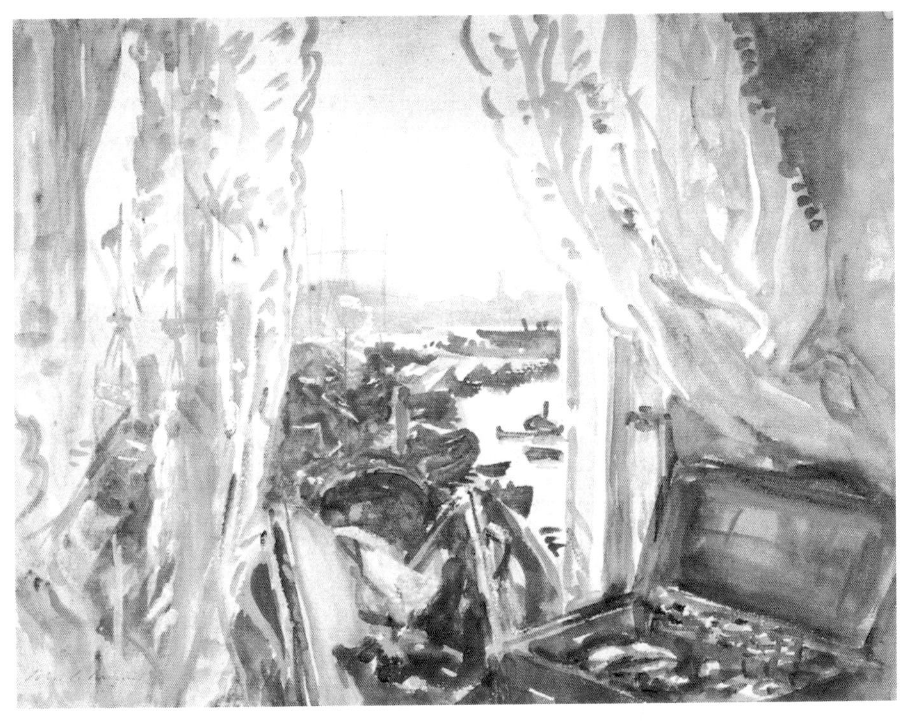

父母是美國人、出生於義大利翡冷翠、在巴黎求學、定居於英國，並酷愛至各地旅行，沙金的一生彷彿就是個國際萬花筒。雖然早在二十歲出頭就打下肖像畫家的名聲，但可能是優游各地的經歷影響了他的性格，五十歲結束自己業績熱絡的肖像畫事業以後，沙金便朝向風景畫與水彩寫生發展，一生共留下約九百張油畫、超過兩千張水彩畫和大量的速寫和炭筆畫。

沙金的畫工精湛，可以不打草稿就直接作畫，而由於風格富麗、構圖縝密，在英吉利海峽兩岸一度贏得「當代的凡戴克」之稱。然而在風景畫上，他的風格卻與印象派相近，甚至自己也收藏了莫內的幾幅畫作。

這幅畫為沙金在一次旅行途中於旅館房間窗口畫下的景致，色彩明亮而富足，顯示沙金的水彩技巧游刃有餘。除了蕾絲窗簾外的港灣景色，還可以見到桌上沙金的畫箱和翻開的寫生簿。

PLATE 58

克林姆（Gustav Klimt, 1862-1918）

加達湖森林之家

1912年
油彩畫布
110×110cm

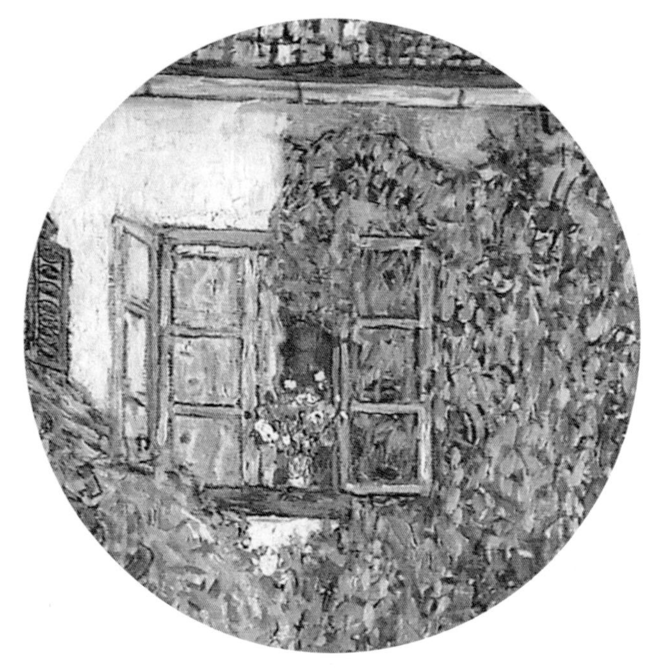

奧地利藝術家克林姆的窗景是一幅幅把窗戶也化為景致的莊園美景，爬滿藤蔓的牆壁、有藍有紅也有白色的可愛窗框、窗台上花團錦簇的盆栽，畫出了人們對西式田園別墅的所有想像。

身為維也納分離派（Vienna Secession）的核心人物，克林姆最著名的就是以驚人的華麗構圖來勾勒女性之美的畫作，其技藝之精湛，使得他的兩幅〈艾蒂兒 ‧ 布洛克－鮑爾肖像〉至今都仍高掛在世界最高價畫作的前二十名榜上。

不過，克林姆不僅擅於畫美人，描繪美景的功力也是一流，從他為義大利加達湖的湖邊風光所做的數幅畫作就可見一斑。在這批畫作中，他有時描繪豎立於一片綠意盎然中的湖邊教堂，有時畫出臨湖而建、櫛比鱗次的屋宅景觀、有時則像這幅〈加達湖森林之家〉一樣，為花木扶疏的宅邸留影，色彩和暖，搭配著如鏡面一般靜謐而清澈的湖水，十足說明了風景如畫。

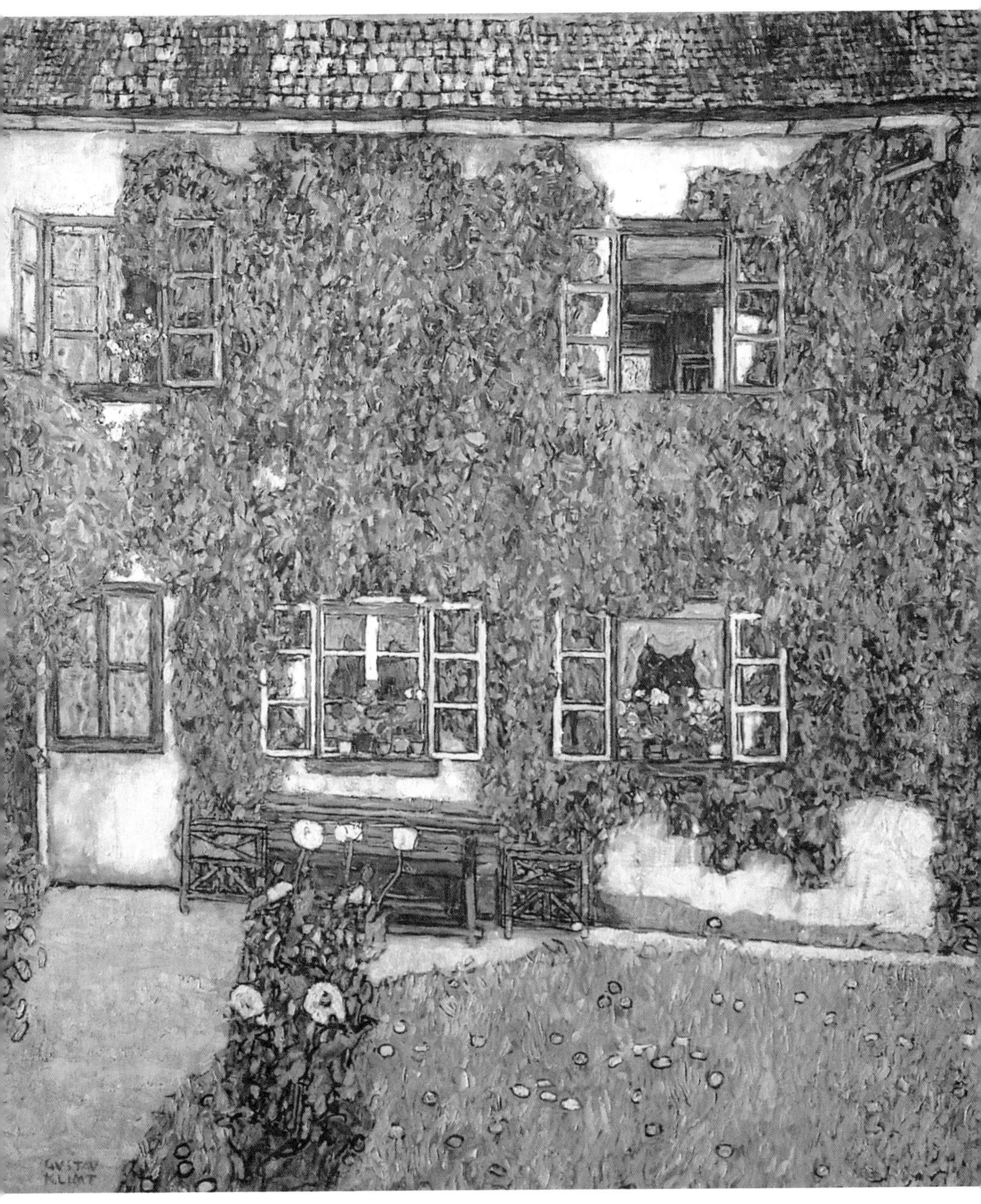
GVSTAV
K.LIMT

PLATE 59

威雅爾

Édouard Vuillard, 1868-1940

洛克路迪的陽台間

1912年
油彩畫布
201×113.5cm
巴黎奧塞美術館

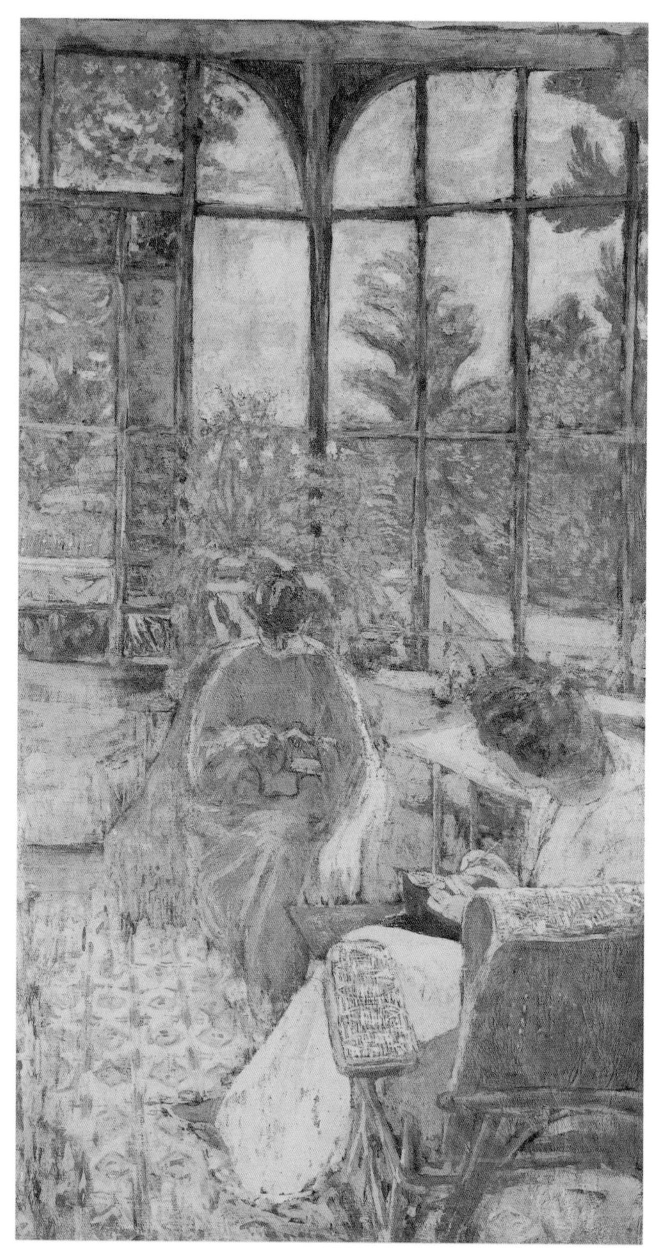

對於這幅畫，我們所知不多，只知道畫中兩人之一是威雅爾的表妹瑪賽兒・艾隆，另一位是女演員瑪莎・梅洛，兩人都曾數度出現在威雅爾的畫中。但在這幅畫裡，低頭不見臉的兩人輪廓並不清晰，甚至幾乎就要融入整幅畫的背景裡，這是威雅爾的典型手法。受當時新藝術和設計的影響所及，他和其他那比派成員為正逢瓶頸的印象派帶來了平面性的趣味，從此也將繪畫從古典帶向了現代。

這幅畫和威雅爾的許多畫作一樣，具有豐富的室內景觀細節。不過，敞亮的窗戶就占有半幅畫面，窗外枝葉扶疏，和室內地毯與沙發的圖紋相映成趣。威雅爾和身為裁縫的母親同住數十年，對這類埋頭縫紉的織女景像，他畫來想必十分順手。

PLATE 60

德朗（André Derain, 1880-1954）
開向公園的窗

1912 年　油彩畫布
130.8×89.5cm　紐約現代美術館

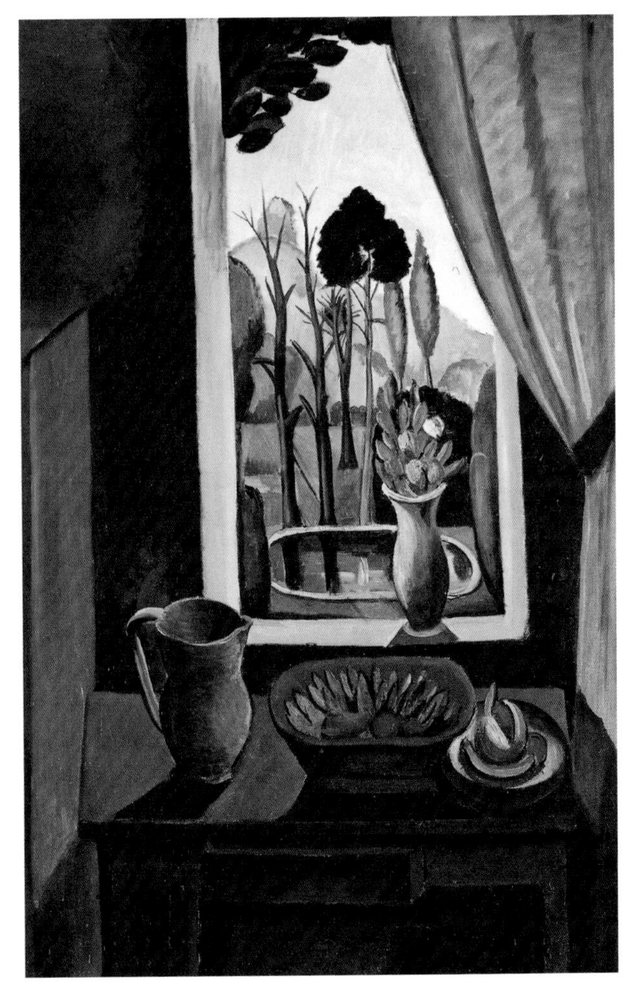

法國藝術家德朗和馬諦斯同為野獸派的創立者，兩人早年一同習畫，彼此砥礪，後來一起在 1905 年的巴黎秋季沙龍上半推半就地當上野獸派領袖，接著一起進入創作的生涯高峰期，一路走來，兩人可說既是戰友、也是可敬的對手。

然而細究起來，德朗的運氣可能比馬諦斯好一些，至少在 1913 年首屆紐約軍械庫藝博會上，當馬諦斯的〈藍色裸體〉飽受藝評抨擊時，德朗的〈開向公園的窗〉卻能享受被收藏家相中買下的好運，這也顯示了雖然同為野獸派，此時兩人的風格其實已分道揚鑣。從這幅畫的暗沉色彩和規矩構圖來看，此時的德朗已脫離了野獸派時期的猛烈筆觸與鮮豔用色，轉而向傳統借鑑。而這段他逐漸轉為低調、直至向古典大師正式靠攏的過渡期，有時也被稱作是德朗的「哥德期」。

PLATE 61

夏卡爾

Marc Chagall, 1887-1985

窗外的巴黎風景

1913 年
油彩畫布
135.8×141.4cm
紐約古根漢美術館

出生於俄羅斯的夏卡爾，於 1910 年來到巴黎習畫，那裡開放多樣的藝術潮流旋即把他捲入其中，牽動了他畫作的風格，同時他對家鄉的思念也一點一滴累積。這幅交織著嚮往與鄉愁、現代與傳統的巴黎街景，就是在這樣複雜的情緒中完成。

在這幅畫中，雙面人和窗台上的貓透過色彩繽紛的窗戶，遠望著象徵現代巴黎的艾菲爾鐵塔、擁擠房屋和蒸汽火車；在立體派手法的彩色天空下，一名跳傘人飄浮在艾菲爾鐵塔的周圍，此畫完成的前一年，全世界才第一次有人從這座鐵塔跳傘成功。巴黎做為新潮而多采多姿的城市象徵，在此表露無遺。另一方面，畫面左下方的花束和右方的一對戀人，則是夏卡爾描繪家鄉的畫作中常見的元素，兩者映照著雙面人藍色手掌上的心，似乎表示著這是藝術家的心之所繫。

有論者指出，既向著西方（巴黎）也向著東方（俄羅斯）的雙面人，可說綜合了這幅畫的雙重情緒。若此說法成立，那麼從夏卡爾諸多融合現實與詩意的畫作來看，雙面亦可解釋為對過去與現在、想像與現實、外界與內心的多重象徵。

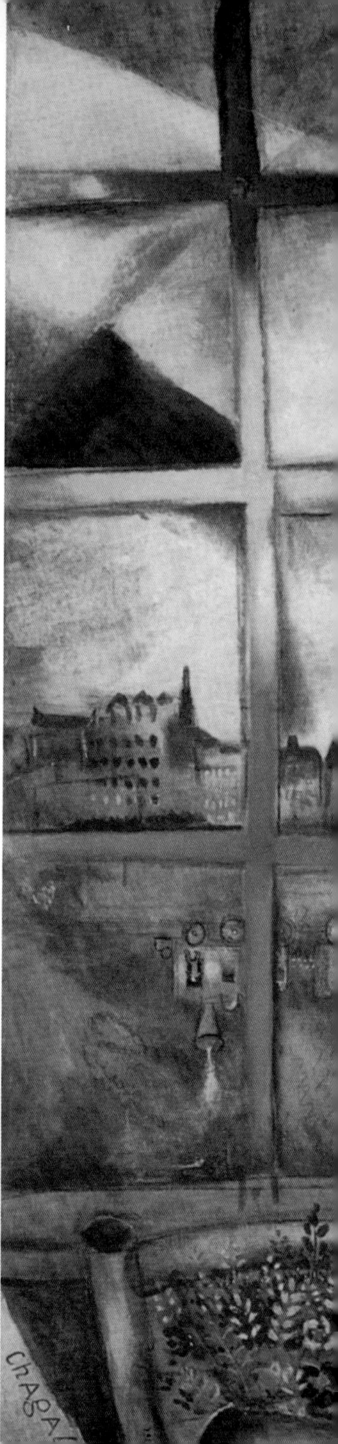

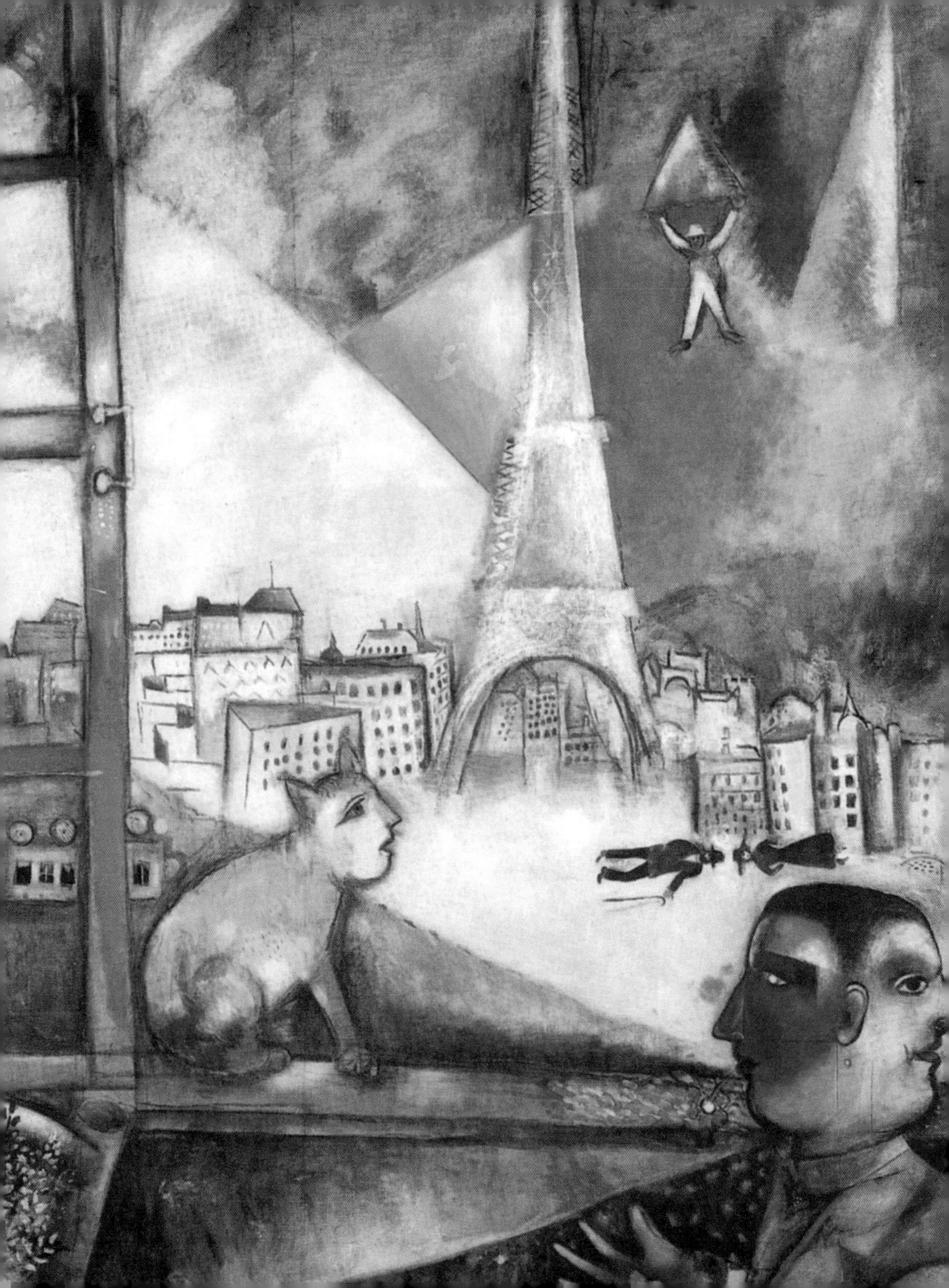

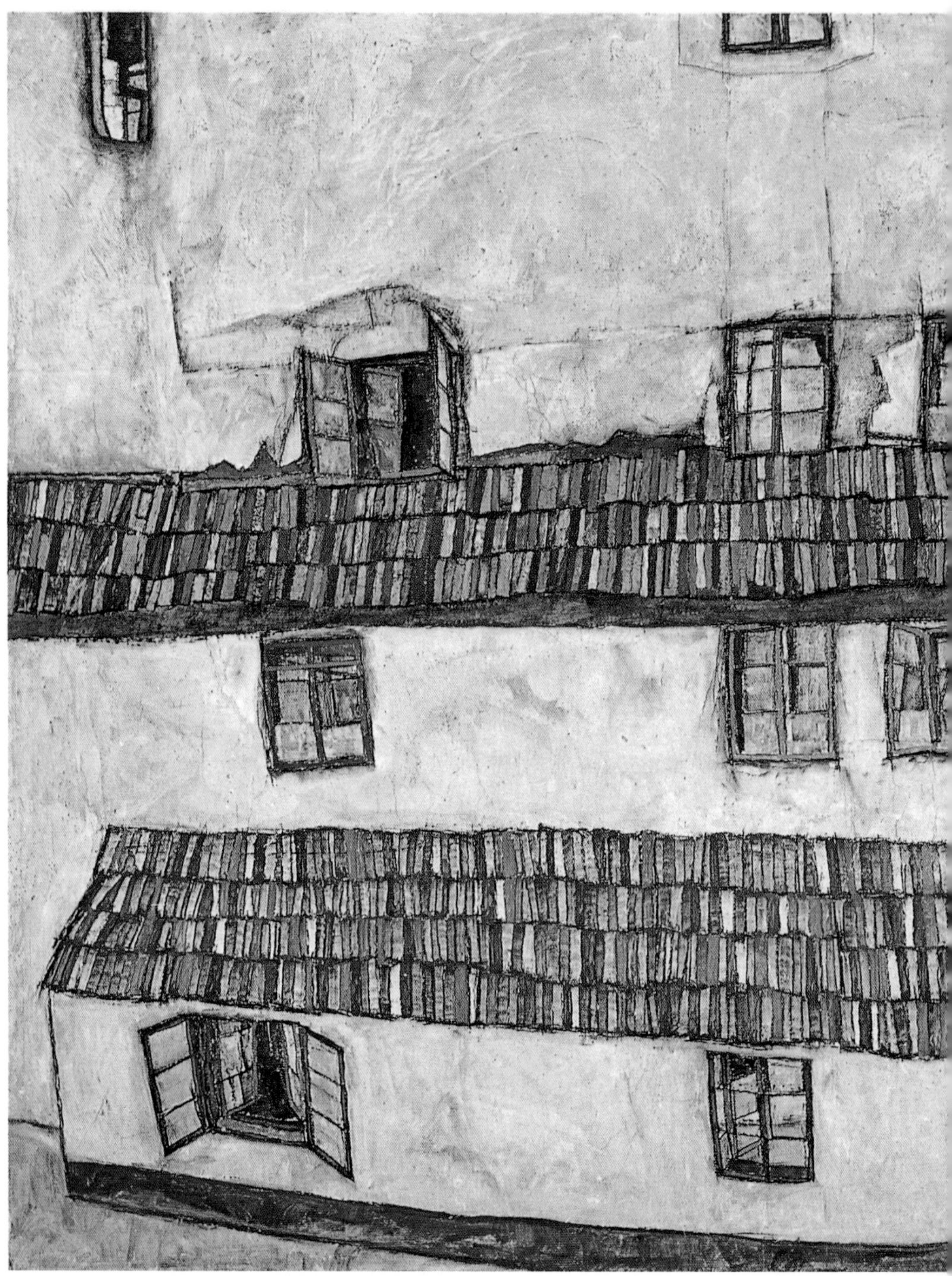

PLATE 62

席勒（Egon Schiele, 1890-1918）
有窗戶的屋面

1914 年
油彩、蛋彩、畫布
111×142cm
奧地利美景宮美術館

隨著 19 世紀後半以來的科技演進與思潮發展，人們愈來愈將目光由外界轉向自己，探勘這個在以往少被了解的領域，從席勒個人風格强烈的自畫像，我們就可以看見這種對自我的審視與關注。但這種自我關注不僅表現在自畫像上，風景畫也彷彿感染了這種傾向。和前述克林姆的〈加達湖森林之家〉相仿，席勒的這幅畫也將「窗景」由內而外的古典觀點反轉了過來，讓窗戶自身成為景觀，或開或闔的一扇扇窗戶羅列在樓面的一側平面上，形成了一種具裝飾趣味的畫面。

在這裡，這種新藝術的平面構圖還牽出席勒與克林姆更深一層的關係。鋒芒早露的席勒，自少年時期即獲克林姆欣賞，他帶著席勒出席各種場合、認識贊助人、邀請他一同展出作品，並買下席勒的幾幅畫作，這段亦師亦友的關係，成了二十八歲就英年早逝的席勒，一生中最值得一提的情誼。

PLATE 63

沃特豪斯（John William Waterhouse, 1849-1917）

「我有點兒受夠影子了。」夏洛特夫人說

1915年
油彩畫布
100.3×73.7cm
多倫多安大略藝廊

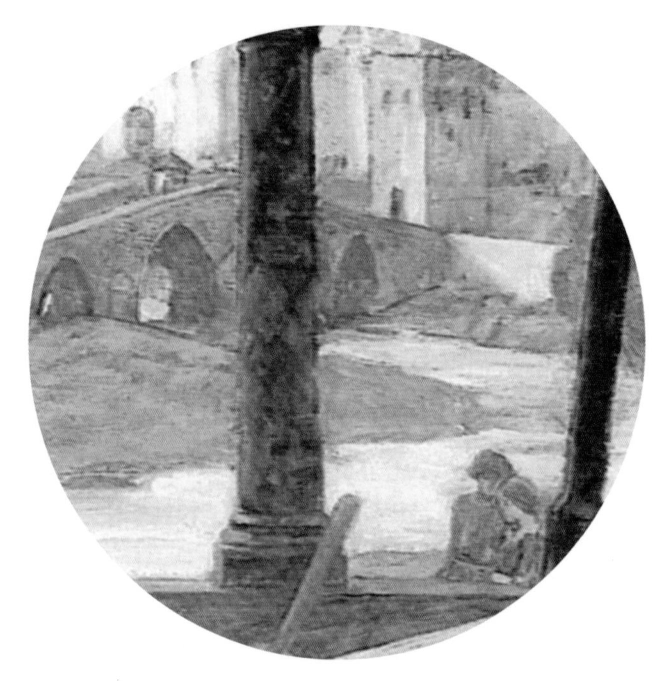

這是一張極富情節的畫，描繪的是19世紀英國詩人丁尼生（Lord Alfred Tennyson）的詩〈夏洛特夫人〉的一幕場景。夏洛特夫人受了詛咒，必須不斷織布，由於不能與外界接觸，她只能透過一面鏡子的反射來了解外界的動靜。這幅畫標題中的「影子」指的就是鏡中的倒影。畫中窗外的情侶旁若無人地卿卿我我，讓在窗裡的夏洛特心中頗不是滋味。在丁尼生的詩中，接下來蘭斯洛特爵士會騎馬經過她的塔下，而夏洛特夫人會停下手上的針線，跑到塔外張望，鏡子因而破裂，死亡詛咒隨之降臨……

蘭斯洛特爵士為中世紀亞瑟王傳說中的著名騎士，而這個傳說正是沃特豪斯與許多拉斐爾前派畫家所喜愛的題材，沃特豪斯自己就曾三度以夏洛特夫人為主題作畫，最早的一幅描繪乘船想逃離命運（但終究失敗）的夏洛特，第二幅描繪她張望蘭斯洛特爵士的那一刻，這幅則是距離第二幅畫二十多年後完成的最後一幅夏洛特畫作。

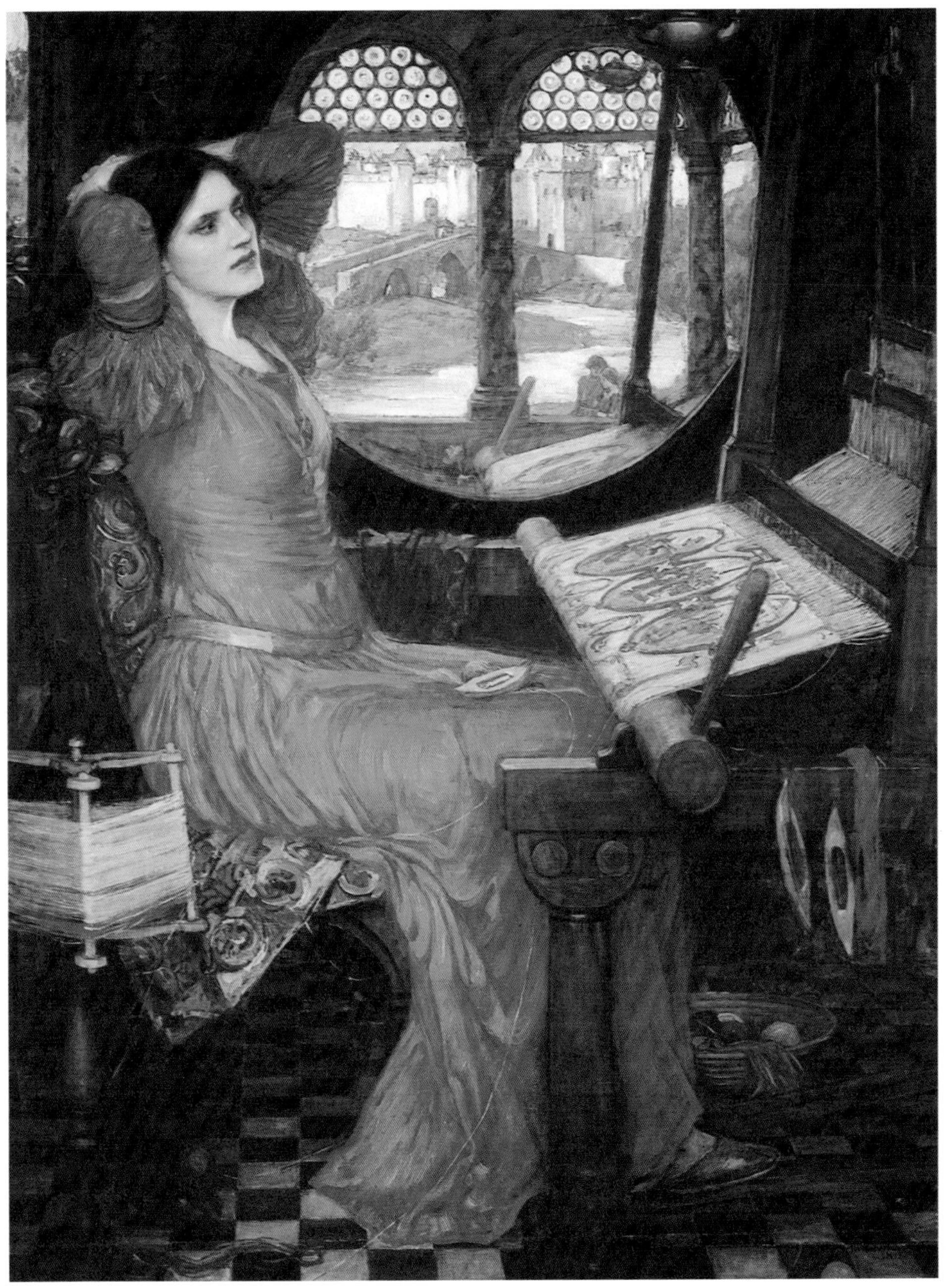

馬諦斯（Henri Matisse, 1869-1954）

穿綠袍的蘿芮特

1916年
油彩畫布
73×54.3cm
私人收藏（右圖）

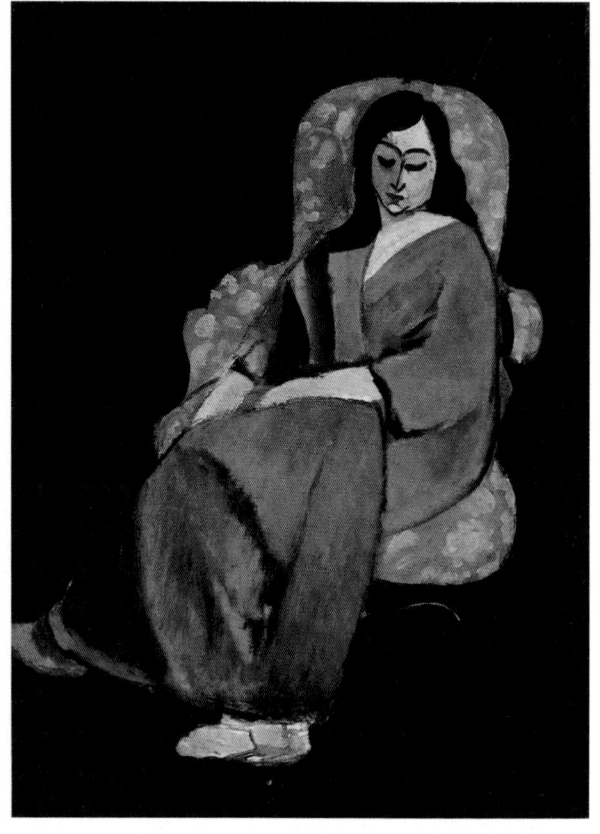

畫室裡的畫家

1916年
油彩畫布
146.5×97cm
巴黎龐畢度中心（右頁圖）

這幅畫所描繪的是馬諦斯在巴黎聖米歇爾街的畫室裡畫〈穿綠袍的蘿芮特〉的情景。蘿芮特是一位義大利模特兒，1916與1917那兩年，馬諦斯曾一連為她畫了二十多張畫，其中有裸體，也有著衣像；雖然這張〈穿綠袍的蘿芮特〉的背景是一片黑色，但從隨後完成的〈畫室裡的畫家〉中，卻能看見前者創作時的實際背景。

畫中不僅可以看見馬諦斯在野獸派鋒頭漸弱之後，在色彩與線條上的持續實驗，還可以看見這間四樓畫室窗外對面的市警局，這裡隱藏著一件趣事。據馬諦斯的兒子皮爾回憶，蘿芮特的個性灑脱不拘，有時擺姿勢累了歇息時，她就會走到窗邊透透氣，不管當時身上是否一絲不掛，因此對面總是聚集了一大堆警察。不知是否是因為這個原因，在〈畫室裡的畫家〉中，市警局的建築細節似乎畫得特別清晰呢。

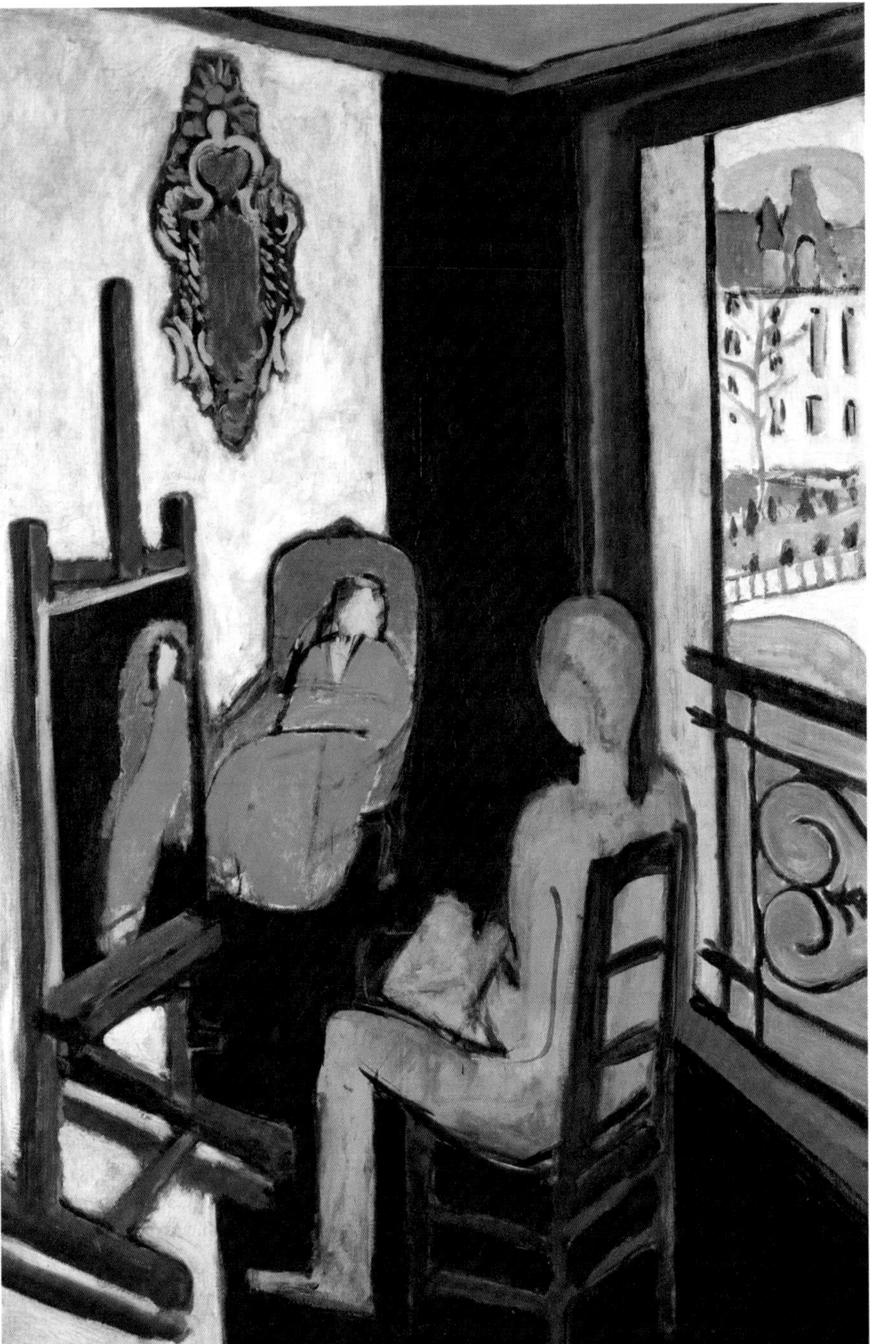

夏卡爾

Marc Chagall,
1887-1985

田園之窗

1915年
油彩、膠彩、紙板
100.2×80.3cm
莫斯科特列亞科夫美術館

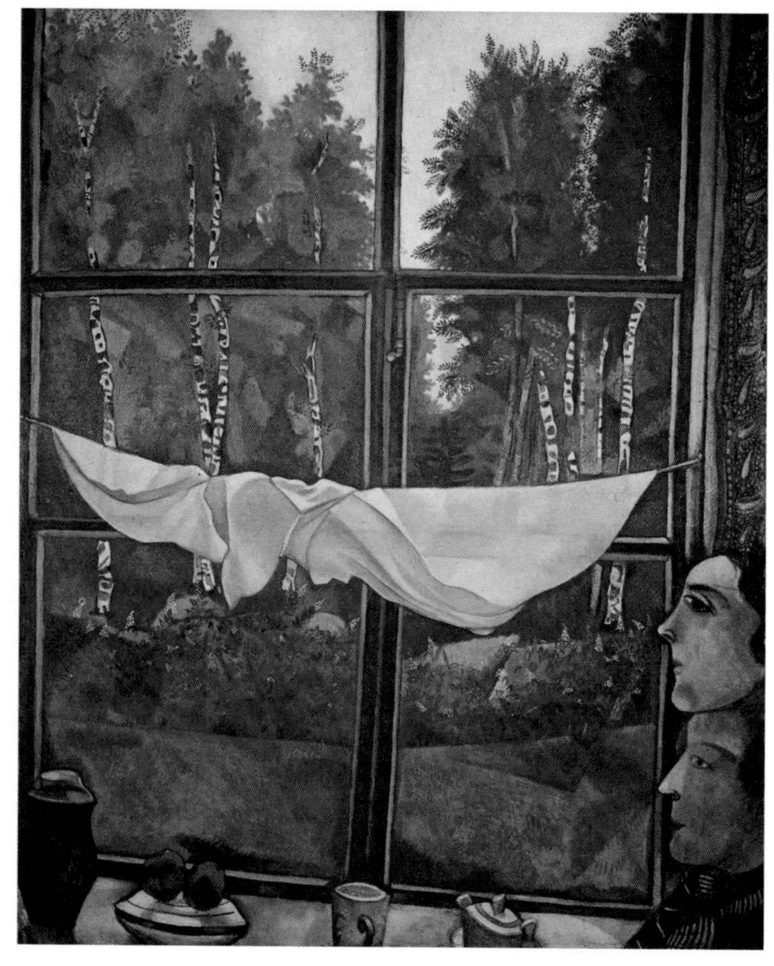

1915年7月，從巴黎歸鄉的夏卡爾，終於得以和心愛的未婚妻蓓拉成婚，小倆口隨即在離夏卡爾家鄉維台普斯克（Vitebsk）不遠的鄉村另覓新居。這幅畫描繪的就是在新居中的兩人，隔窗望著一片綠意盎然的樺木林的情景。

有趣的是，畫中的窗戶幾乎佔滿了整個畫面，捲起的窗簾、兩人與窗框平行疊起的側臉、截去半邊的茶壺與水果，都像刻意不去擋住視線似地屈居一角，好邀請觀者一起欣賞這片風景。這幅畫雖然沒有夏卡爾最常描繪的花束和婚紗，但這個靜謐而詩意的世界，仍讓人感受到了戀人平實而真切的愛情。

貝克曼（Max Beckmann, 1884-1950）
戴紅色圍巾的自畫像

1917年
油彩畫布
80×60cm
斯圖加特國立藝廊

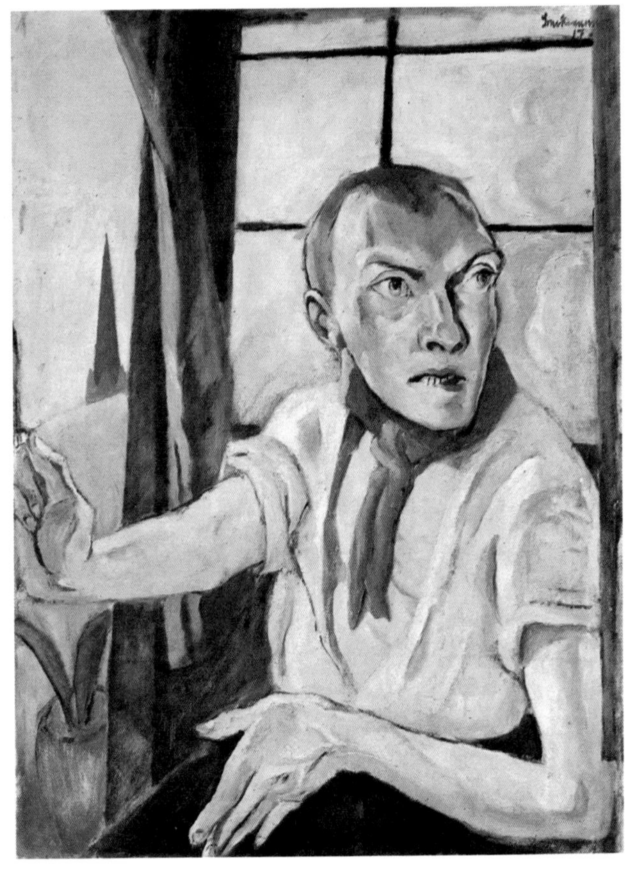

除了讓人目眩神馳的現代化腳步之外，20世紀前半葉最讓人震撼的事件莫過於兩次世界大戰，而這兩次大戰都讓德國藝術家貝克曼碰上了，對他的畫作與人生都產生了無可磨滅的影響。

貝克曼出生在一個中產階級家庭，從他早期效法古典大師的精準手法來看，原本應是一個中規中矩的學院派畫家，孰料一次大戰爆發，改變了整個世界，也徹底崩毀了他對人性的看法，自此他的畫風丕變，扭曲歪斜的形體取代了井然有序的刻畫。

1915年，貝克曼在擔任德軍軍醫期間精神崩潰，他隨即將這段經歷搬到畫布上，透過自畫像表達自己的心境。畫中的他眼睛瞪得老大，彷彿正驚恐地注視什麼，做為背景的窗戶看似平常，但窗框形成的十字卻正好扣住他的頭部，讓人想起基督釘上十字架的圖像，他左手背上的疤痕更加強了這個暗示。貝克曼似乎是想藉由這幅畫，表達他隨時準備迎接死亡到來的壯烈心情。

凱爾希納（Ernst Ludwig Kirchner, 1880-1938）

生病男人的自畫像

1918年
油彩畫布
57×66cm
慕尼黑現代
美術館

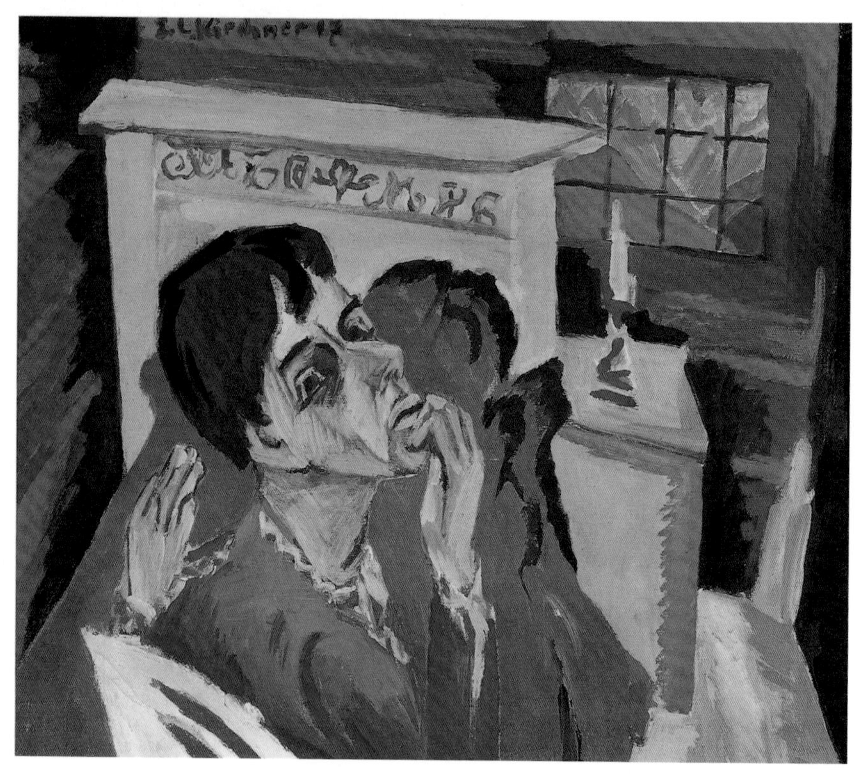

比起德國表現主義團體橋派（Die Brücke）發起人的身分，毋寧說歷經兩次大戰的遭遇，更能說明凱爾希納的藝術發展。和貝克曼一樣，凱爾希納在1915年從軍期間曾精神崩潰，而後解役，隨後的兩年，他都在瑞士的療養院裡度過。畫下〈生病男人的自畫像〉時，他正移居到瑞士達沃斯的一間農莊休養，畫中窗外的山景，即是他每天面對著的阿爾卑斯山。從形色枯槁、眼眶凹陷的畫像病容來看，當時的他並未完全從戰爭的震撼中回復。在這張畫完成一年後，他在一封信中寫道，朋友曾勸他回到都市生活，但他「完全不予考慮……在這裡，你可以看得更多、理解更深，『現代』生活的富足表面，實在膚淺透了」，戰爭給予他的體悟，或許正是他在接下來數年風格愈趨成熟的原因。

波納爾

Pierre Bonnard,
1867-1947

窗

—

1925 年
油彩畫布
108.6×88.6cm
倫敦泰德美術館

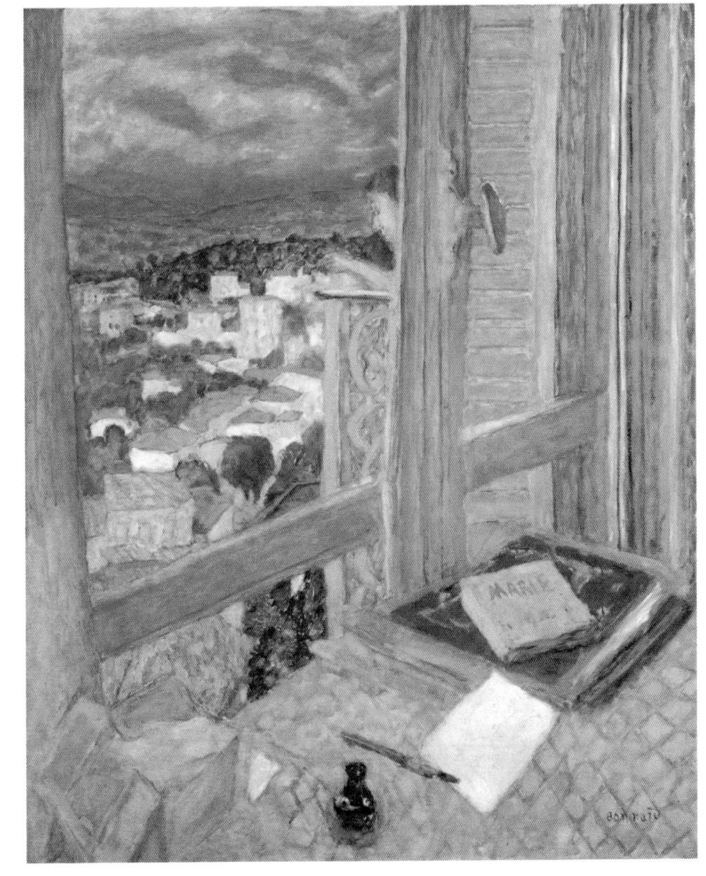

法國藝術家波納爾和威雅爾同為那比派成員，兩人皆擅長以細膩筆觸刻畫居家場景的生活細節，但相較於威雅爾對裝飾紋樣的偏愛，波納爾似乎更著力於描繪桌面上的鍋碗瓢盆、瓜果文具，並以一框窗景做為襯底，彷彿這個室內與戶外交融的畫面，正是他最常置身的場景。

在這幅畫中，窗邊的書桌與窗外的街景同樣沐浴在南法的溫暖陽光之中，1910 年波納爾便與妻子離開巴黎來到南法居住，作畫的此時，兩人正在卡內（Le Cannet）租屋而居。換句話說，陽台上的女人側影，應是最常成為波納爾畫作主角的妻子瑪莎。這裡，瑪莎一如她在其他畫裡的低眉垂目，彷彿無視畫家目光存在似地專注於手邊的家務。波納爾的這類室內作品，彷彿也成了一窺他居家生活片段的窗口。

達利（Salvador Dali, 1904-1989）
窗邊

1925年　油彩木板　105×74.5cm　馬德里蘇菲亞王妃美術館

作此畫時，天才達利的超現實主義之路正要起步。那時他不過二十出頭，還是馬德里藝術學院的學生，但因為他目無尊長與法紀，在此畫完成的隔年就被學校退學了；不過這一點兒也沒有對他的生涯造成影響，就在此畫誕生的1925年，達利的首次個展在巴塞隆納展開，那時的他不管對印象派、後印象派還是立體派，在技巧上都已駕輕就熟了，正待觀念上的開花結果。

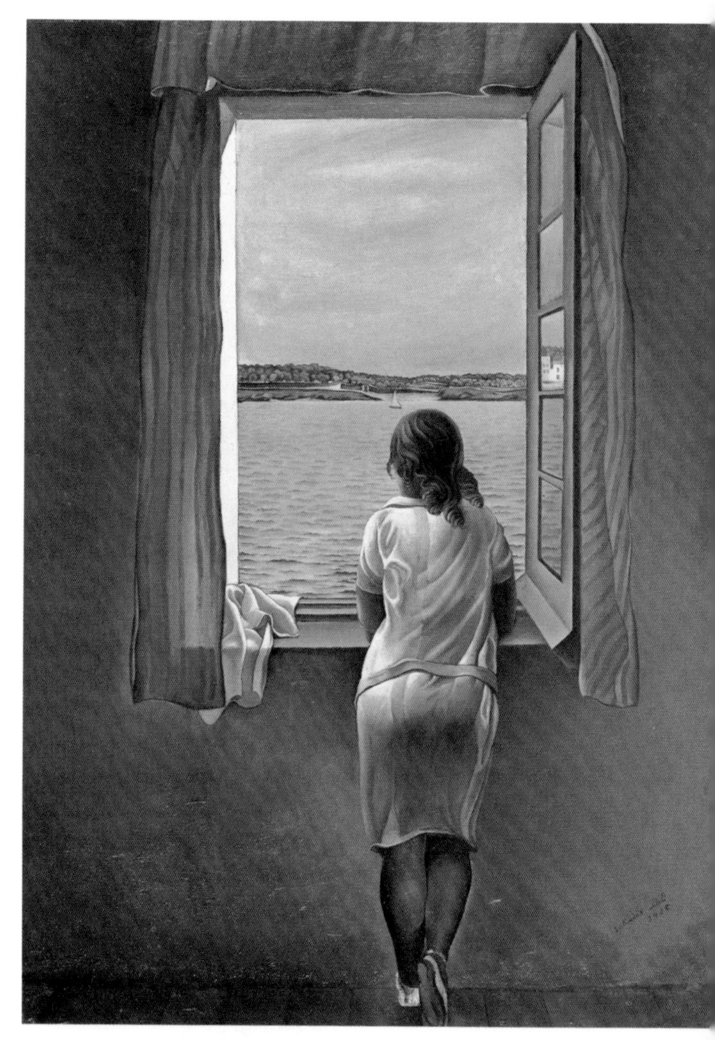

不過，這張畫和達利後來充滿狂想的超現實主義畫作比起來，顯然中規中矩得多，順著女子視線望去的窗外湖景，占去了大部分的畫面，但其中既無扭曲的形體，也無古怪的想像，而僅是一葉白帆漂浮在波瀾微起的藍色湖面上，對岸甚至還整整齊齊地畫了一片樹林，顯示這是一張他小試身手的練習作。

費利克斯穆勒（Conrad Felixmüller, 1897-1977）

詩人華特・萊那之死

1925年 油彩畫布 180×115cm 洛杉磯郡立美術館

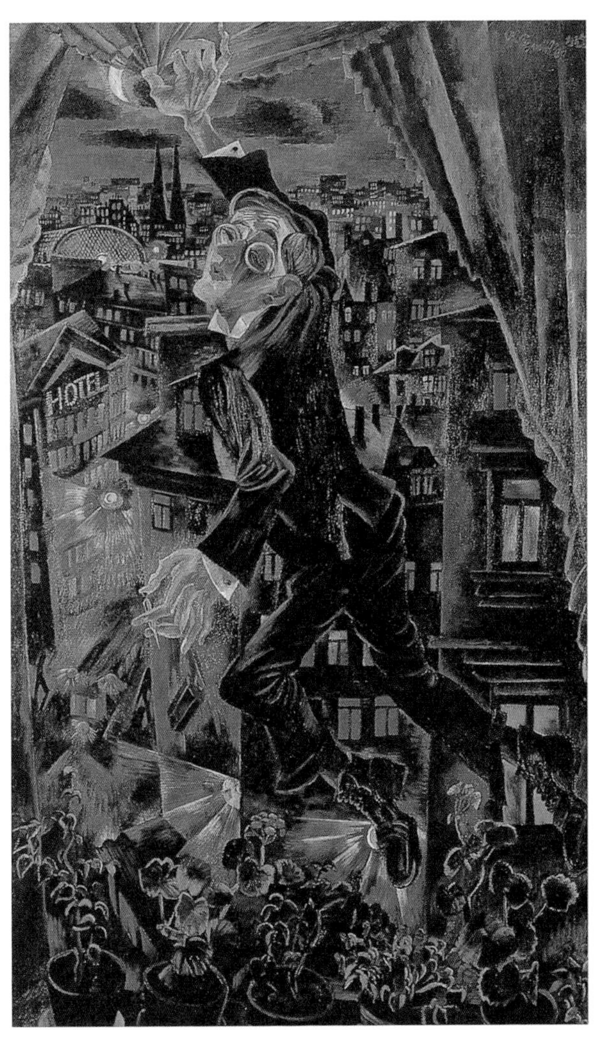

天上的月光在他指間發光，城市的華燈在他腳下生輝，在這眩目的一刻，眼神迷離的詩人從窗口縱身一躍，投向城市的夜空、毒品的幻覺，也投向生命的終點。德國表現主義畫家費利克斯穆勒以這幅畫向詩人朋友華特・萊那（Walter Rheiner）致敬，那一年稍早，貧病交迫的萊那才在一間破旅舍裡注射過量嗎啡自殺身亡。

萊那的一生是詩、戰爭與毒品的總和，他所寫的唯一一本短篇小說《古柯鹼》所描述的毒蟲主角，正是自己一生的寫照。一次大戰期間，萊那為了躲避徵兵而吸毒，卻因無法自拔而走上絕路，在妻子離異、才華不再之後，他於1925年在柏林的一間小旅社自殺，時年不過三十歲。悲劇發生後，費利克斯穆勒隨即以這幅畫紀念這位朋友，它也成為費利克斯穆勒最著名的畫作之一。

PLATE 71

歐姬芙（Georgia O'Keeffe, 1887-1986）

夜晚紐約：美國電暖機公司大廈

1927 年　油彩畫布

121.9×76.2 cm　田納西州費克斯大學美術館

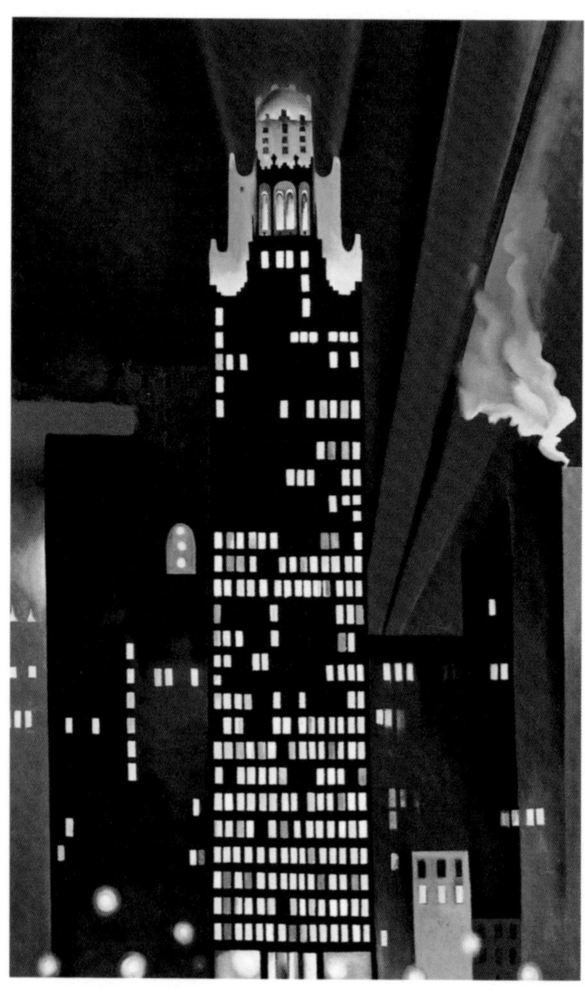

摩天大樓是 20 世紀的獨特景觀，做為現代科技進展的突出象徵，它自然也成為藝術家和攝影家競相捕捉的圖像。此畫中的大樓是位於紐約曼哈頓市區的美國電暖機公司大廈（後改名為美國標準大廈），1924 年——即歐姬芙作此畫的前三年，它才剛完工啓用。這是棟黑色立面、金色鑲邊，氣勢十足的現代化哥德建築，當夜幕降臨、燈光亮起時，其金碧輝煌的程度，不僅在地面連成點點繁星，更充分照亮了美國當時欣欣向榮的社會氛圍。

也許是身歷其境，感受特別深刻，歐姬芙在 1920 年代後半接連畫了幾幅紐約的摩天大樓與城市景觀，在這些畫中，她除了描繪建築的外觀，也在光影效果與氛圍的營造中，首次以繪畫呈現了城市做為夢想之地的形象。

PLATE 72

歐姬芙（Georgia O'Keeffe, 1887-1986）

粉紅碟子與綠葉　1928 年　粉彩木板　55.9×71 cm　私人收藏

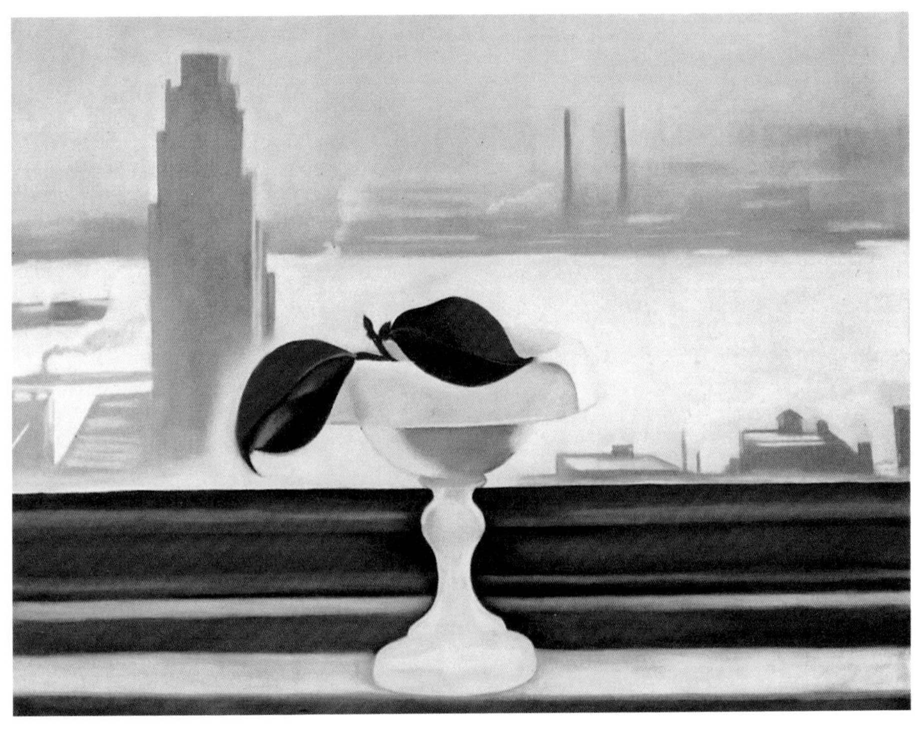

在 1920 年代前期的抽象實驗之後，1925 年搬進紐約薛爾頓飯店三十樓公寓的歐姬芙，接著畫出了一系列極具代表性的現代城市畫作。那時 1929 年的經濟大恐慌已近在眼前，但對此渾然不覺的人們對美國的未來仍抱持著無限憧憬，歐姬芙的摩天大樓畫作，就畫出了在這憧憬下城市所展現的生命力。剪影一般的大樓立面在陽光、月光和燈光下散發出童話般的美，裡頭的一盞盞燈光，述說著一個個有待實現的美國夢。歐姬芙在類似主題上創作達二十幾幅，直至 1929 年股市崩盤時才停止。

這幅畫在歐姬芙其他摩天大樓畫作中顯得較為不同，大樓不在目光的中心，而是遠遠立在窗外河岸的霧氣中，四周還有幾縷白煙。細看之下，一片茫茫白霧裡，唯有大樓的一側鑲上了溫暖的陽光；窗裡呈放綠葉的粉紅色碟子，置於這片城市景觀的前景，彷彿給予了它某種希望的願景。

PLATE 73

薩維尼歐

Alberto Savinio, 1891-1952

忠貞的妻子

1930-31 年
81×65cm
油彩畫布
私人收藏

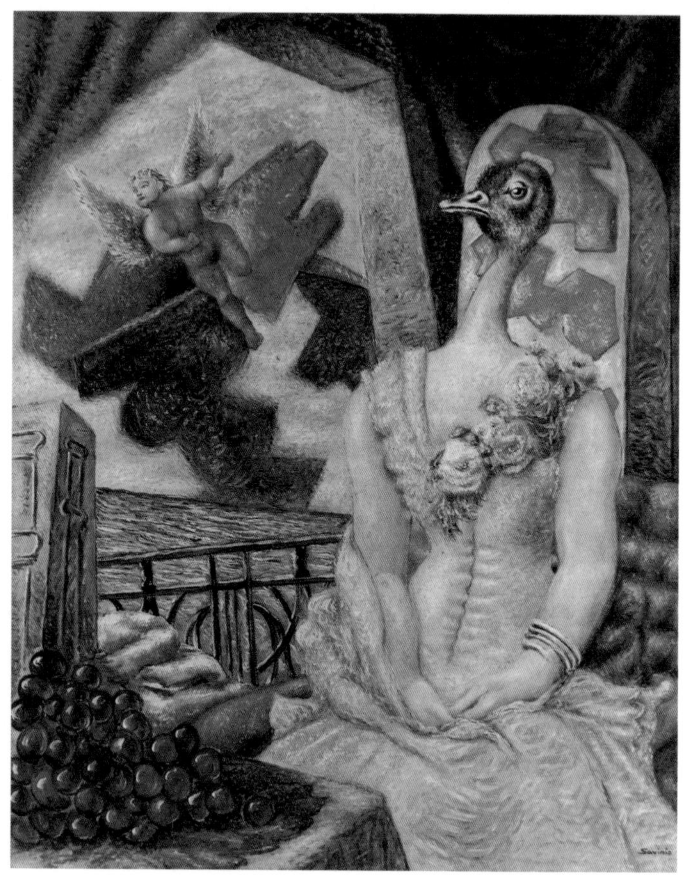

薩維尼歐是五部歌劇、四十多本書、無數篇劇場評論的作者，二十歲不到就寫出第一部歌劇，1914 年自立音樂門派，並發表詩劇《睡屍之歌》，成為超現實主義的重要先聲，1918 年又出版第一本兼有詩文的小說。怪異、費解、跨界、不協調，無論從哪個角度來看，薩維尼歐都像極了今日我們眼中的實驗藝術家。他的前衛比起自己的哥哥基里訶（Giorgio De Chirico）尤有過之，或許也因為如此，他的名氣始終不及基里訶來得大。不過薩維尼歐似乎也不想沾哥哥的光。1914 年，為了與名氣漸響的基里訶區分開來，薩維尼歐捨棄了以原名安卓亞・法蘭西斯柯・艾伯托・迪・基里訶（Andrea Francesco Alberto de Chirico）發表作品，改用一位籍籍無名的法國作家的名字為筆名，藉以剖明獨立掌握自己命運的心跡。

薩維尼歐的繪畫經常出現人頭馬身、鳥頭人身等人與動物的古怪合體，他們多半坐在船上漂浮於海面，船艙窗外則有塊狀的黑煙或烏雲，一種隨命運漂浮的不安感，在天使與海的意象和混濁的筆觸中被召喚了出來。這種不祥的氣氛，可能和當時兩次大戰與法西斯主義的威脅有關。

PLATE 74

蒙特（Gabriele Münter, 1877-1962）

小鳥的早餐　1934年　油彩木板　45.5×55.2cm　華盛頓女性藝術美術館

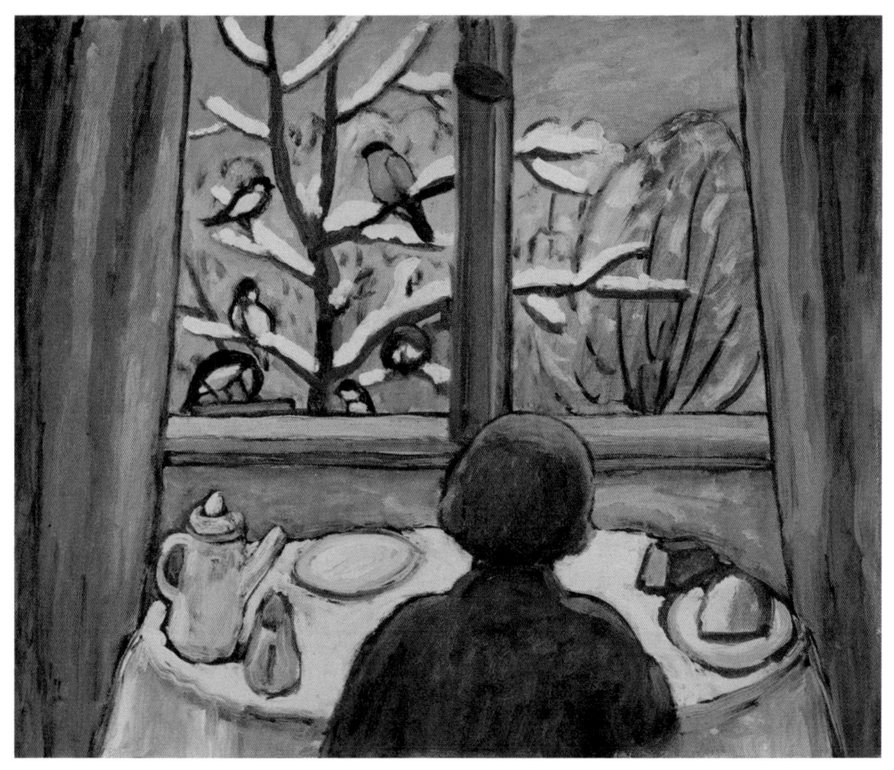

蒙特是德國表現主義創始人之一，也是康丁斯基在組成「藍騎士」時代的伴侶，她在20世紀最初十年間對德國現代美術開展的重要時點上，具有相當貢獻。

蒙特與康丁斯基1903-1908年間在歐洲各地旅行，在巴黎近郊作畫，受野獸派大膽色彩與單純形態影響，油彩作品參加過巴黎獨立沙龍、秋季沙龍展出。回到德國後，兩人定居在慕尼黑郊外的小村落莫爾諾，畫了許多風景畫，建立成熟風格。1930年代蒙特進入旺盛的創作期，可惜她與同時代被認為激進的德國畫家一樣，被納粹第三帝國定罪為「頹廢的畫家」。

這幅枯枝積雪、窗外小鳥覓食之作，即呈現了她當時的繪畫風格。而坐在窗邊桌旁的背影正是畫她自己，冬日孤寂的日子，也正是她當時生活的縮影。

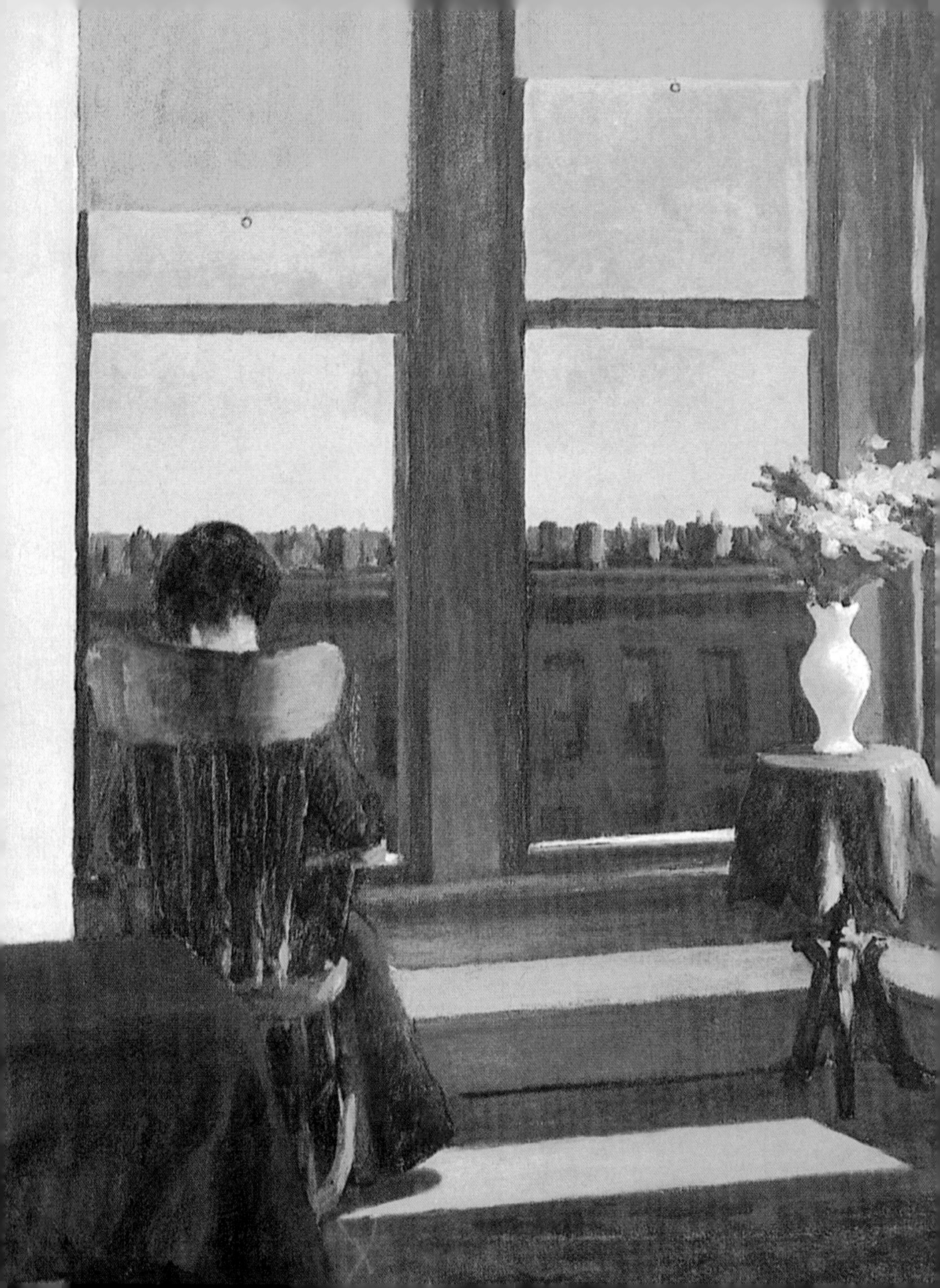

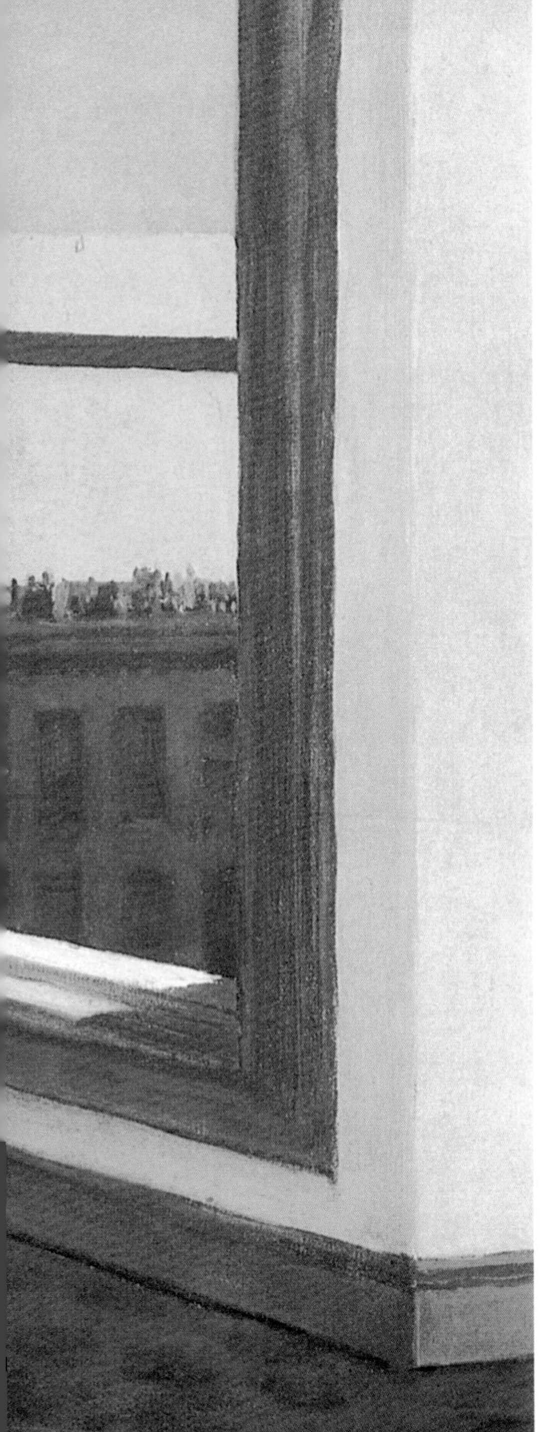

PLATE 75

霍伯（Edward Hopper, 1882-1967）

布魯克林的室內

1932年
油彩畫布
74×86.3cm
波士頓美術館

鋪著紅巾的矮桌、搖椅上的女人、小几上的花瓶，彷彿彼此不相干地立在各自的位置，一絲不苟的物體輪廓加強了每個物件的孤立感，方形的窗框和窗簾也井井有條，即使陽光從右方灑入，也無法驅散這個房間的荒涼感。

美國寫實主義畫家霍伯以描繪當代美國的生活場景著稱，在室內景中，孤寂、懊悔、無奈等情緒瀰漫，且多半以孤身的女性來表達，此畫即是其中一幅。不過，作此畫時，霍伯其實正值生涯巔峰，1929年的經濟大恐慌非但沒有對他的作品銷售造成影響，這些年他創作、賣畫、辦展不斷，比起其他藝術家來可說忙得不亦樂乎，1933年更在紐約現代美術館舉行作品回顧展，對都市意象的採擷與精準刻畫，想必是他成為捕捉當時都會生活氛圍代表畫家的原因。

PLATE 76

馬格利特

René Magritte,
1898-1967

人類的處境

1933年
油彩畫布
100×81cm
華盛頓國家藝廊
（右圖）

歐幾里德的漫步

1955年
油彩畫布
162.9×129.9cm
明尼阿波里斯藝術機構（右頁圖）

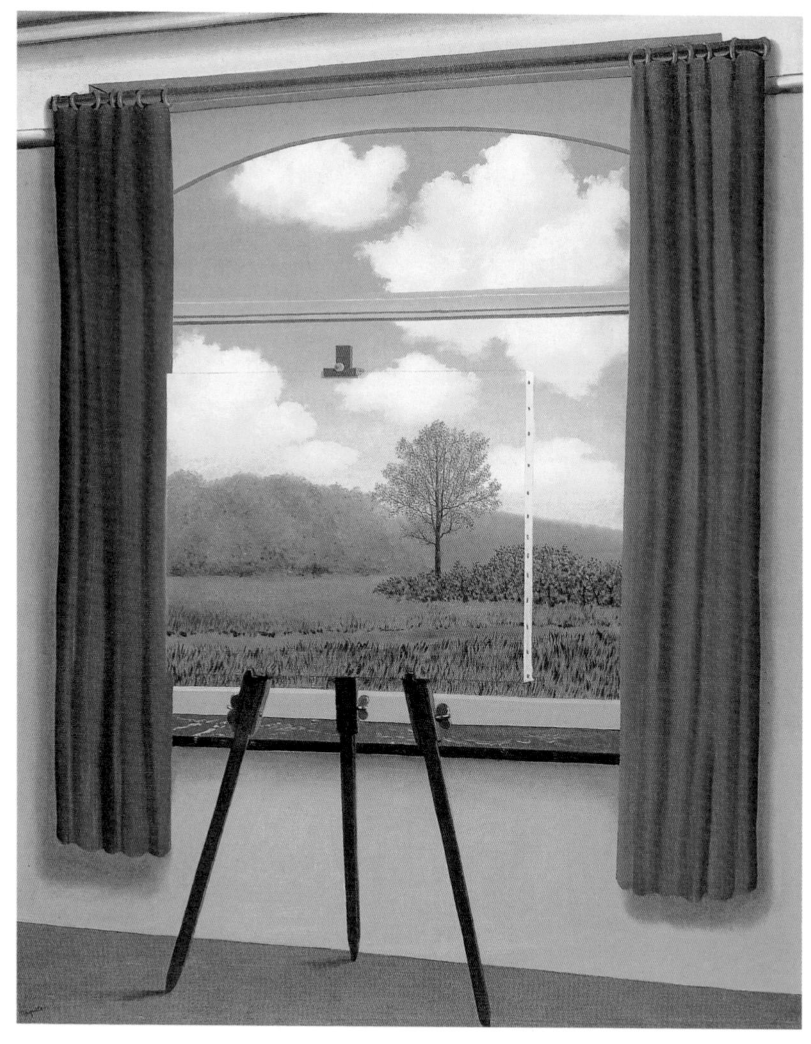

裡與外、虛與實、現實與再現的分野，是馬格利特式幽默的恆在主題，窗戶做為一種觀察視窗的意象，自然在馬格利特的畫中不可或缺。〈人類的處境〉乍看之下，是一片藍天白雲和草地的風景描繪，但仔細看會發現，原來窗前擺了個畫架，架上的畫正與風景被遮住的地方重疊。那麼，這是否代表了架上的畫是描繪風景的風景畫？這裡正是弔詭所在。其實不論是窗外的風景或架上的畫，兩片風景同是再現，而不是現實中的風景，這裡馬格利特似乎

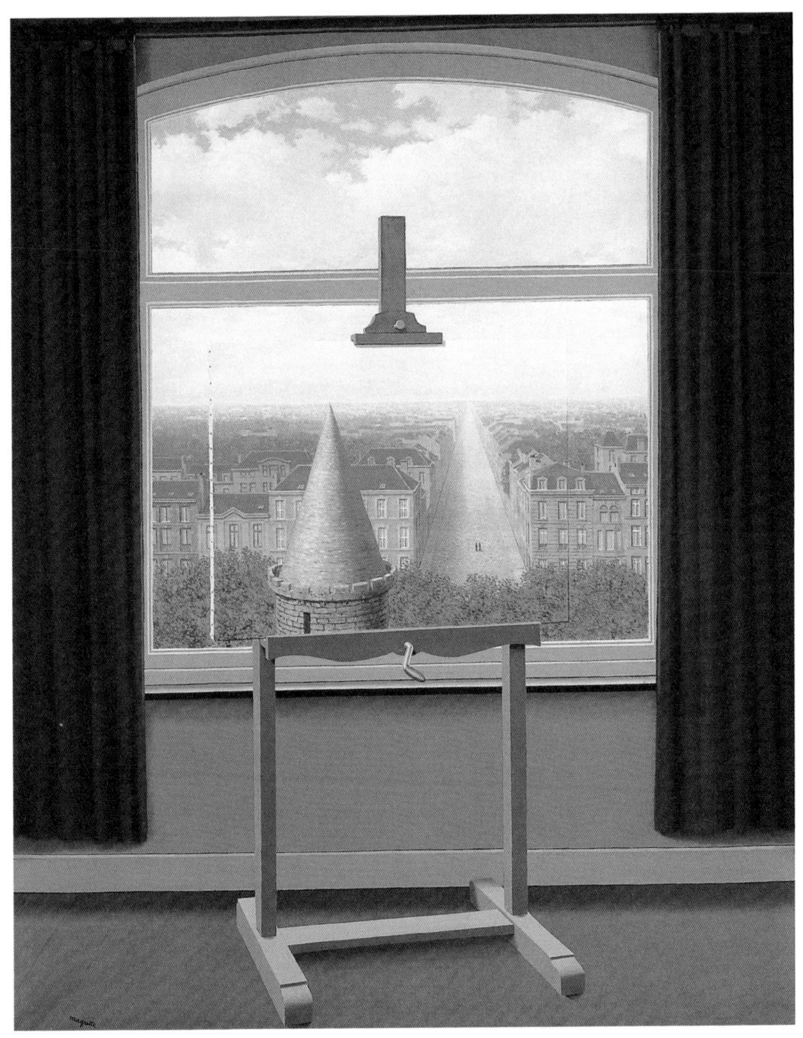

想藉由這種對現實與再現的重覆叩問，指出人類的生存掙扎。

〈歐幾里德的漫步〉與前作旨趣相同。掛在玻璃窗前畫架上的風景畫，似乎正描繪著窗外的真實風景，形成了畫中有畫。不過事實上，窗外風景和窗內的畫作，都同樣是〈歐幾里德的漫步〉這幅畫的一部分；窗裡窗外的疊合、高塔與街道的相仿造型，讓放在畫架上的風景畫似乎消失於無形，予人空無的幻境之感。

PLATE 77

波納爾

Pierre Bonnard, 1867-1947

眺望花園的大餐廳

1934-35 年
油彩畫布
126.8×135.3cm
紐約古根漢美術館

波納爾對餐桌的描繪十分著迷，從水果盤、糖果罐、茶壺、茶杯乃至杯墊，無一不仔細刻畫，而且畫中的餐桌擺設經常改變，彷彿每幅畫所描繪的都是一次用餐場景。在這些畫中，桌上的琳琅滿目，總有著窗外的樹林草地做為襯底，似乎波納爾想藉由美食與美景的輝映，讓人為空間與自然世界都顯得更為豐富。

據說波納爾很少在實景就地創作，而是畫下草圖、作下註記後，再在畫室裡完成。不知是不是為了讓靜態的畫面顯得活潑些，他總愛在這些畫裡嵌進妻子瑪莎的身影，有時她和小狗對望，有時攪動著茶匙，有時僅僅就是坐著，有時就如這幅畫，她像剛好路過餐桌旁。換句話說，雖然她的形象幾乎和背景融為一體，給人一種幽魂般的印象，但她的無所不在，仍說明了她在波納爾畫作中的重要性。

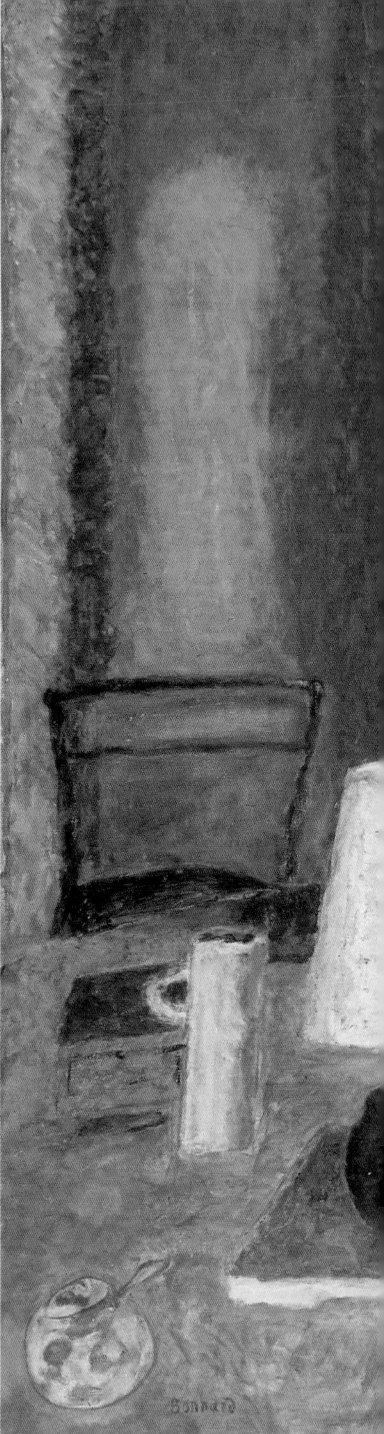

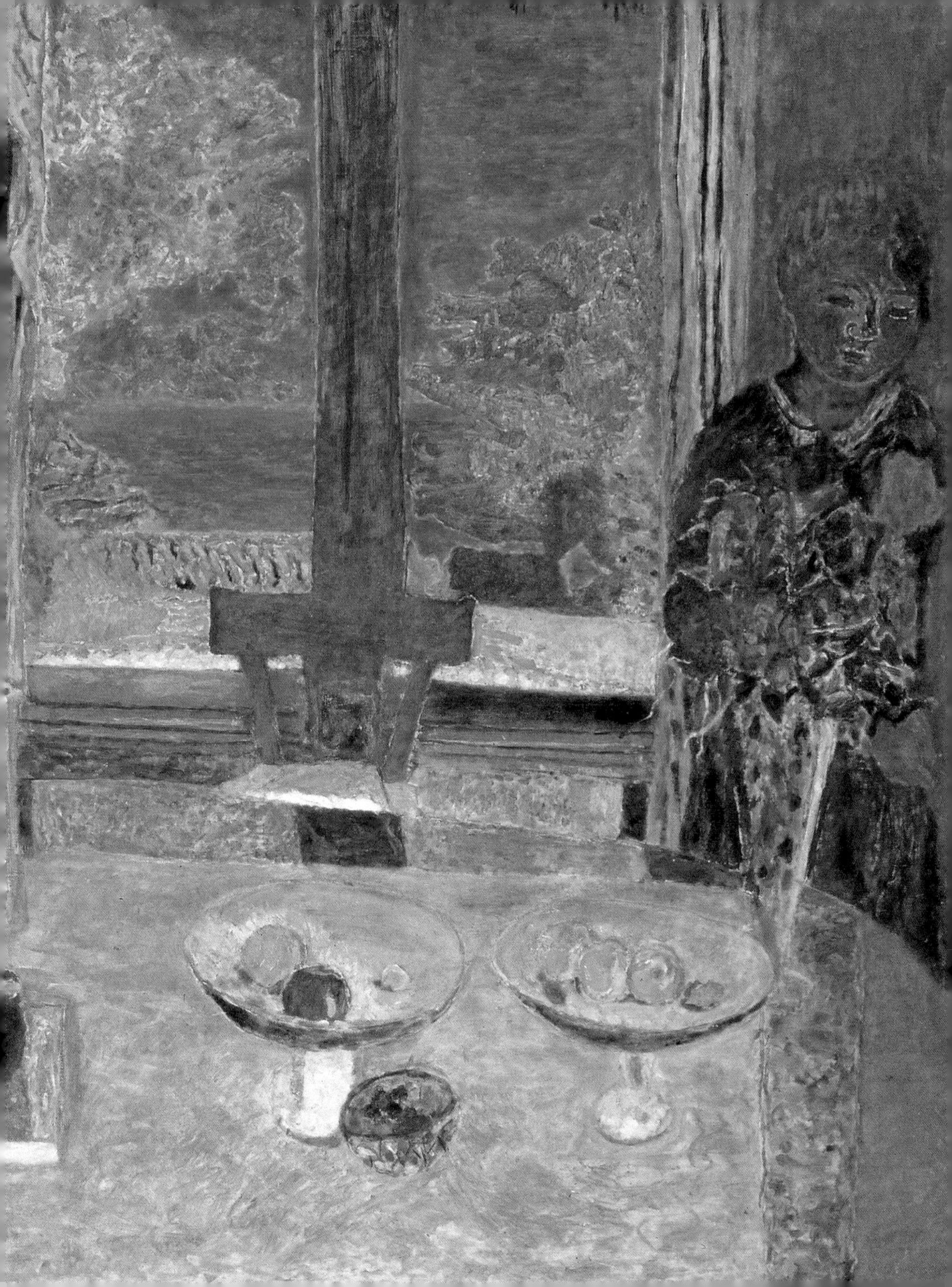

PLATE 78

馬格利特（René Magritte, 1898-1967）

田野之鑰

1936年
油彩畫布
80×60cm
馬德里泰森博物館

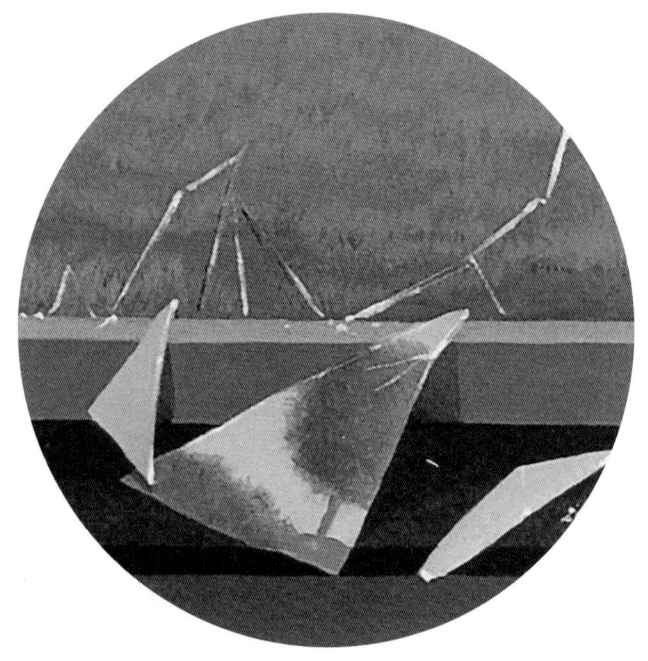

碎掉的玻璃映出彷彿是窗外風景的片段，但它們難道不是窗戶的玻璃，碎了之後掉進屋內，便無法再照出屋外風景嗎？馬格利特是個徹頭徹尾「不按牌理出牌」的畫家，人們習以為常的一切物理世界原則，對他似乎統統不管用，但卻又完全合乎邏輯：誰說那些碎片是玻璃呢？它們是畫的一部分，說是畫片也無不可；再說，碎片也不一定來自破裂的窗戶，如此的聯想是自以為當然的成分居多。

這彷彿是個古老的關於真相的哲學辯論，不過有別於哲學家打破砂鍋問到底的執拗，馬格利特卻停留在事物的表面上，調侃人們對真相的企求。這個調侃可視為對解放想像力的呼籲，古典的、寫實的繪畫觀點在此完全失效；同時也可視為對潛意識作用的探索，其繪畫元素之間的意義關係，就猶如佛洛依德所描述的夢的聯想途徑一樣。想像力與潛意識，正是馬格利特畫作中那股神祕詩意的來源，也是他超現實主義的出發點。

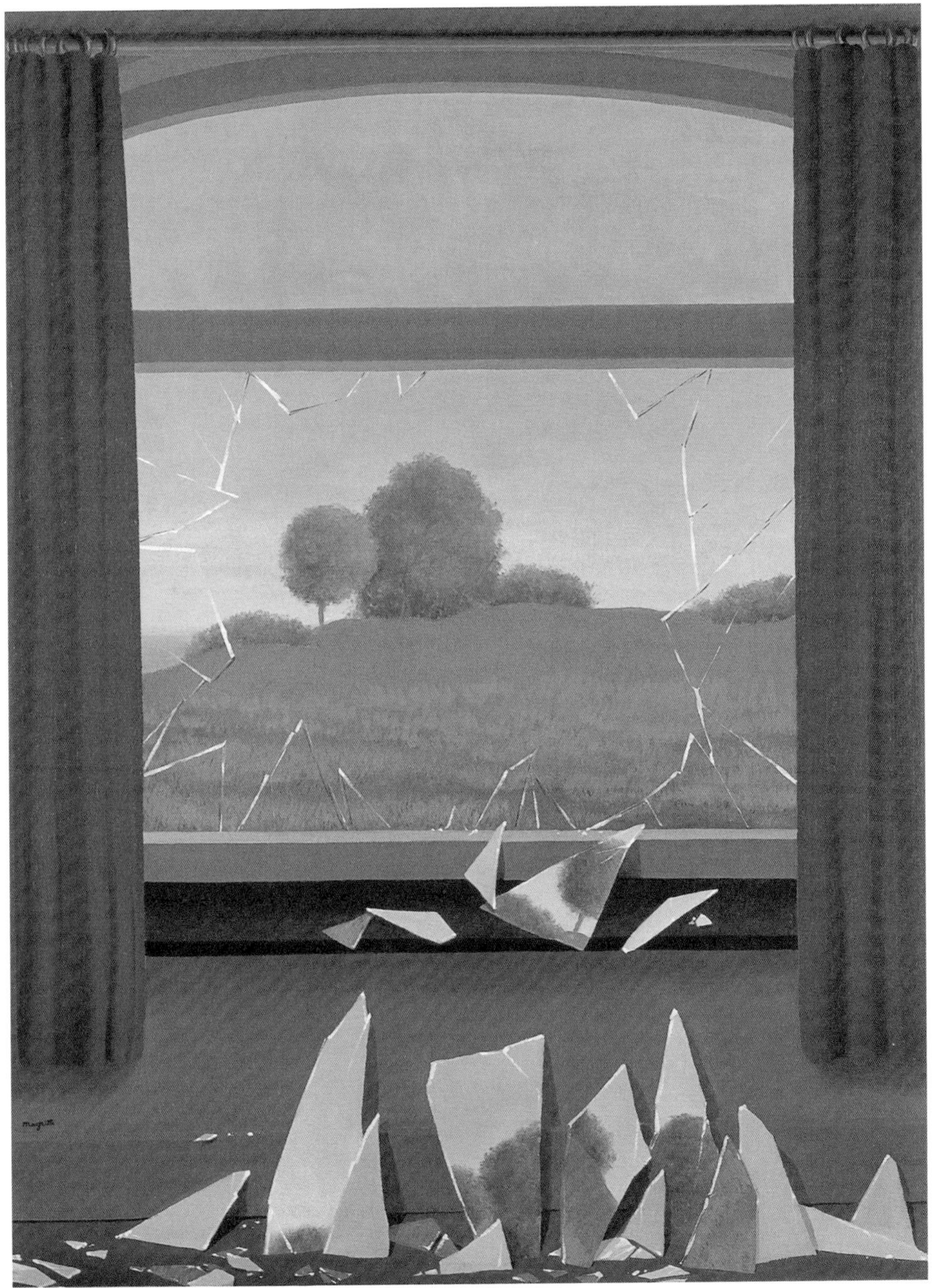

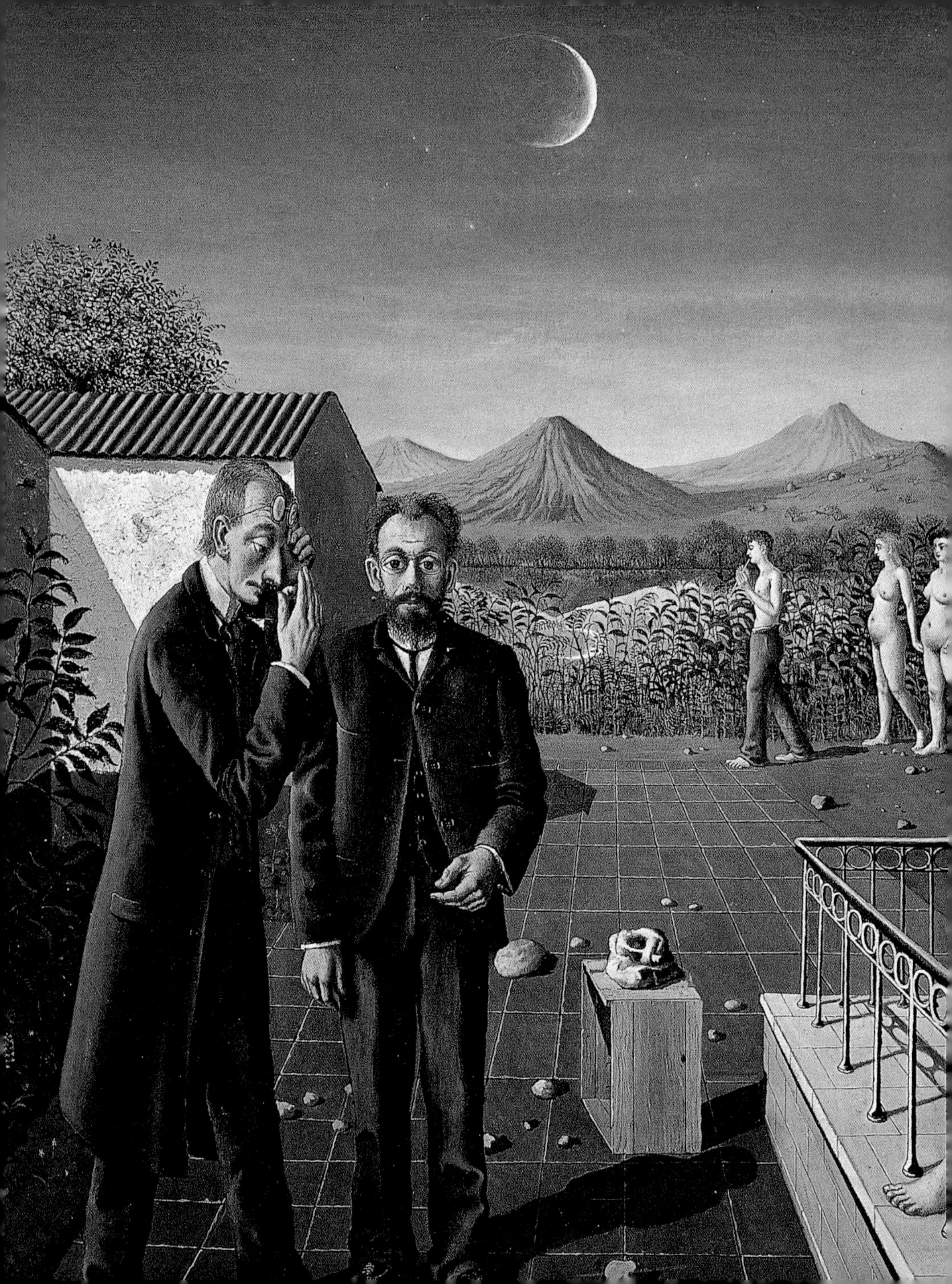

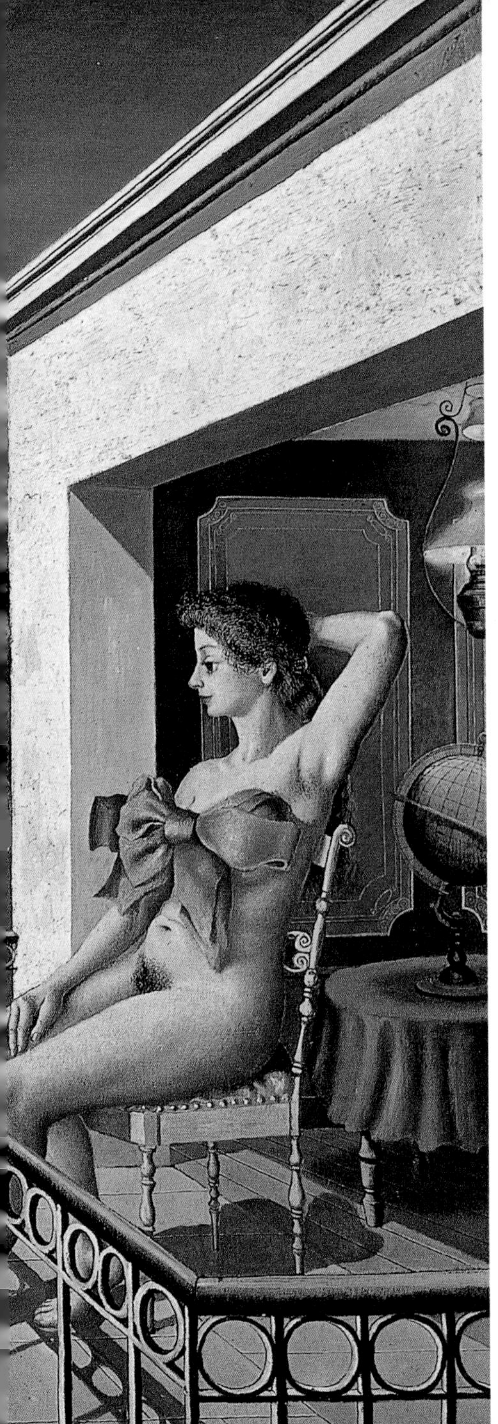

PLATE 79

德爾沃（Paul Delvaux, 1897-1994）
月之位相

1939 年
油彩畫布
139.7×160cm
紐約現代美術館

1930 年代中，也許是受了基里訶和馬格利特的影響，德爾沃開始用冷調的超現實主義手法，畫出一幅幅耐人尋味的畫作。不同的是，德爾沃的畫中經常出現成群裸女，有時她們的下半身化為樹身，有時頭戴花冠排排坐著，有時在波浪間搔首弄姿，有時在樹林裡結隊同行，偶爾也有裸男相伴；時空錯亂或毫不搭軋的古怪背景，往往讓這些畫瀰漫著一股古老夢境的怪異氣氛。

出生於科技發明暢旺的年代，德爾沃對兒時第一次所感受到的衝擊始終記憶猶新，法國小說家儒勒．凡爾納（Jules Verne）筆下充滿科學狂想的故事，更是他年少時期的最愛。〈月之位相〉就是他把自己對凡爾納《地心歷險記》的熱愛搬上畫布的一次嘗試，吹笛少年領著一群裸女，從泥土地走向磚地；兩位看似科學家的男性完全無視綁著緞帶、搔首弄姿坐在窗台前，宛如櫥窗模特兒的的裸女，而自顧自地審視手上的石塊。這個彷彿過渡在古代遺跡與當代建築之間的場景，象徵著凡爾納小說中一步步走向遠古的地心歷險，著衣男性似乎代表著文明，將代表原始的女性帶向現代科學的目光中。

PLATE 80

勃拉克（Georges Braque, 1882-1963）
窗邊洗臉台

1942 年　130×97 cm　油彩畫布　巴黎龐畢度中心

從風景畫到靜物畫，從印象派、野獸派到立體派，法國藝術家勃拉克的生涯，似乎就是一部 20 世紀初藝術潮流的濃縮發展史，但勃拉克是個忠貞的立體派畫家，自 1908 年開始與畢卡索並肩進行各種實驗，不管之後數十年畢卡索的風格如何演變得讓人眼花撩亂，勃拉克始終忠於當年他對多重視角與分割畫面的重視，為立體派風格提供了極為豐富的範本。

在這幅有窗景的靜物畫中，勃拉克的技巧發展得更為純熟，雖然 1930 年代以前那種簇擁的抽象畫面元素已緩和許多，也較以前給予了室外光影更多的表現機會，但視角的並呈顯示了立體派的精神猶存，他曾自言，這是讓他「最能接近物體本身的方式」。

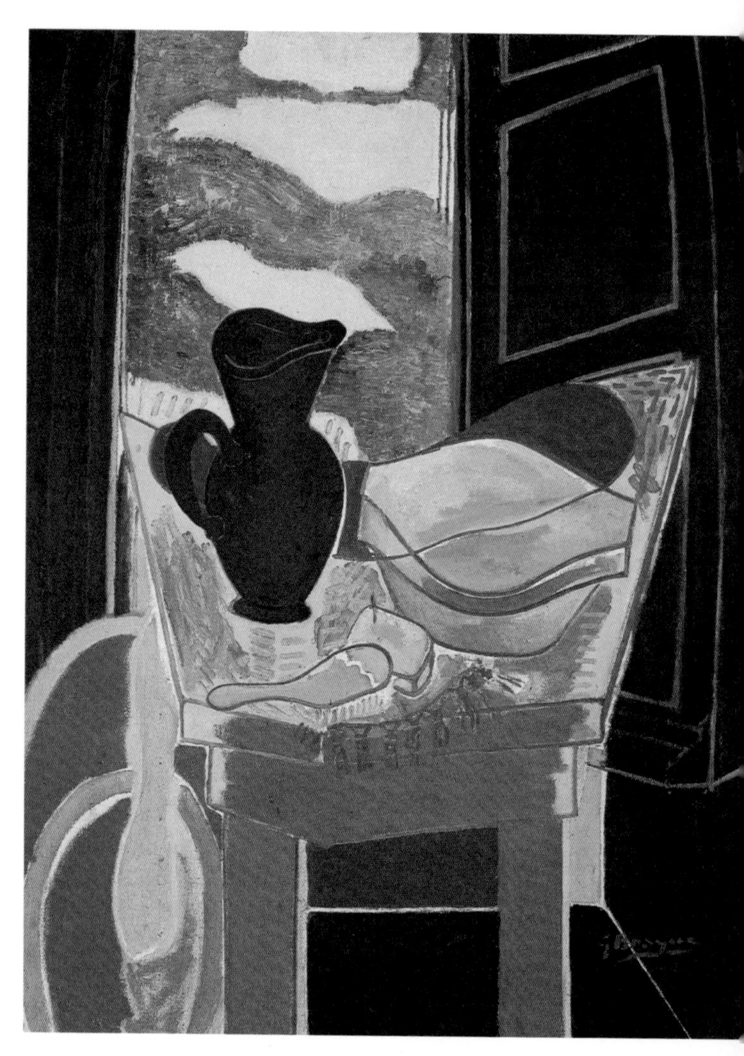

PLATE 81

夏卡爾（Marc Chagall, 1887-1985）

夫婦

1945-46 年　油彩畫布　65×46cm　東京私人藏

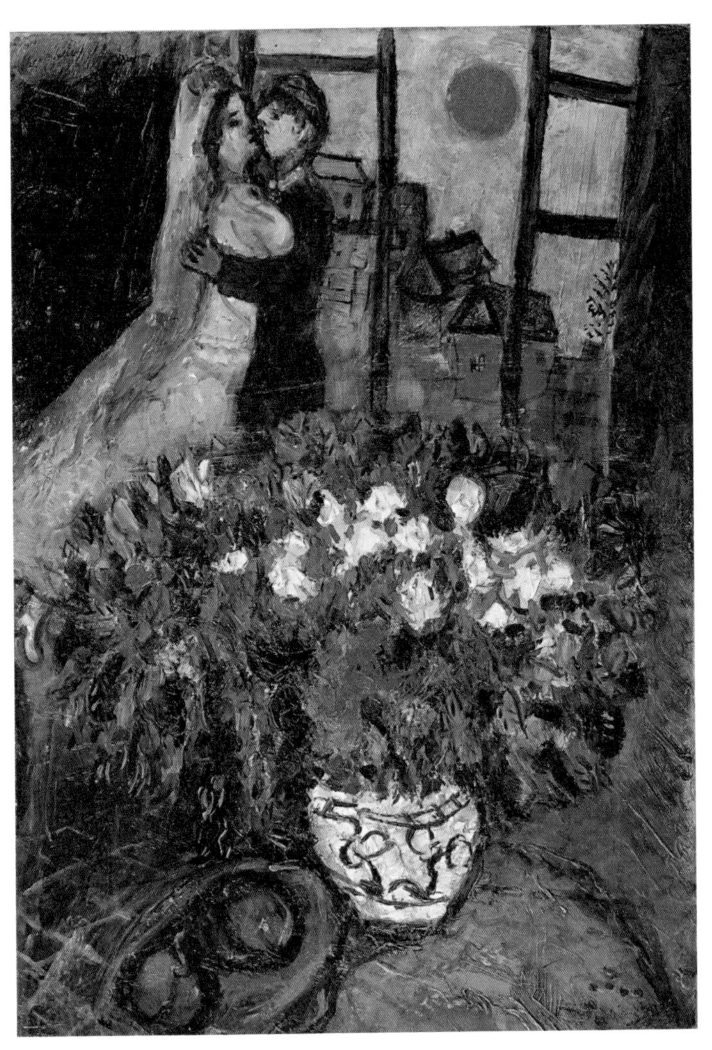

夏卡爾的戀人總是習慣飄浮在夜空中，彷彿這樣的繾綣美夢正適合灑滿月光的夜裡，但也有例外，就如這張畫，小鎮的上空懸掛著的是一顆紅紅的太陽，不過夏卡爾還略施了點小計，讓穿著婚紗禮服、正要互訴衷情的兩人不受打擾：既然日頭未斜，那麼就畫扇窗，讓兩人待在屋裡吧。

不僅如此，儘管當空高照，這太陽一點也不刺眼，在澄黃色的天空中，它倒像一個和煦的、圓滿的象徵，見證著屋內兩人的幸福。屋內桌上做為前景的盛開花束，更是夏卡爾畫中永恆愛情的不變比喻。

PLATE 82

德爾沃（Paul Delvaux, 1897-1994）
等待解放（辦公室的骷髏）

1944 年
油彩畫布
99×123.5cm
耶路撒冷以色列博物館

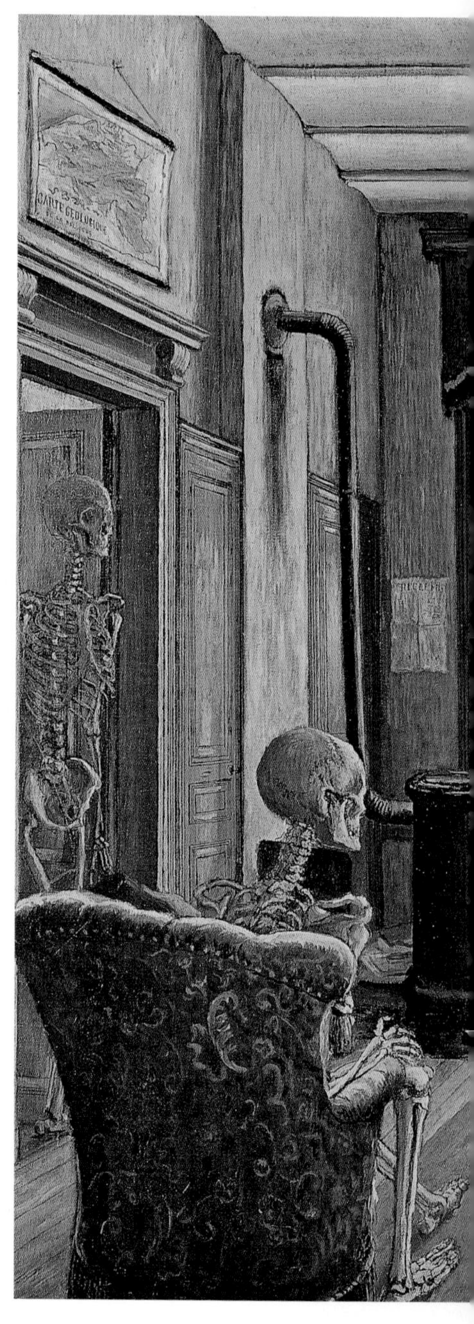

骷髏給人的印象總是可怖的，但出現在考古遺址和博物館中的骷髏，感覺起來可能更像化石。骷髏是裸女之外，德爾沃常畫的另一主題。此幅在辦公室裡的骷髏，有的斜倚在沙發上，有的四處走動，有的像是在互相交談；敞開的大窗使室內光線明亮，沒有陰森的感覺。總而言之，似乎都像活人一樣地行動著。但不知怎的，德爾沃的骷髏人仍有一種化石標本的印象，像是它們被刻意擺在某個場景中，進行某種展示。

這樣的印象或許來自畫作中經常可見的古希臘建築場景，1938 與 1939 年間，德爾沃曾兩次到義大利旅遊，那裡的古代建築給予他許多靈感；此外，據說德爾沃在 1932 年布魯塞爾博覽會上，看了史皮茲納解剖與人種學博物館的各種稀奇古怪的展示，此後骷髏頭就成為他畫中常見的意象。

「我受它吸引，是因為它主要是一種結構，其次它又是生命，總之它是生命的本質呈現。」介於生與死之間的特性，吸引著德爾沃藉由繪畫讓這些骷髏鮮活起來，這或許便是他營造這幕辦公室場景的原因。

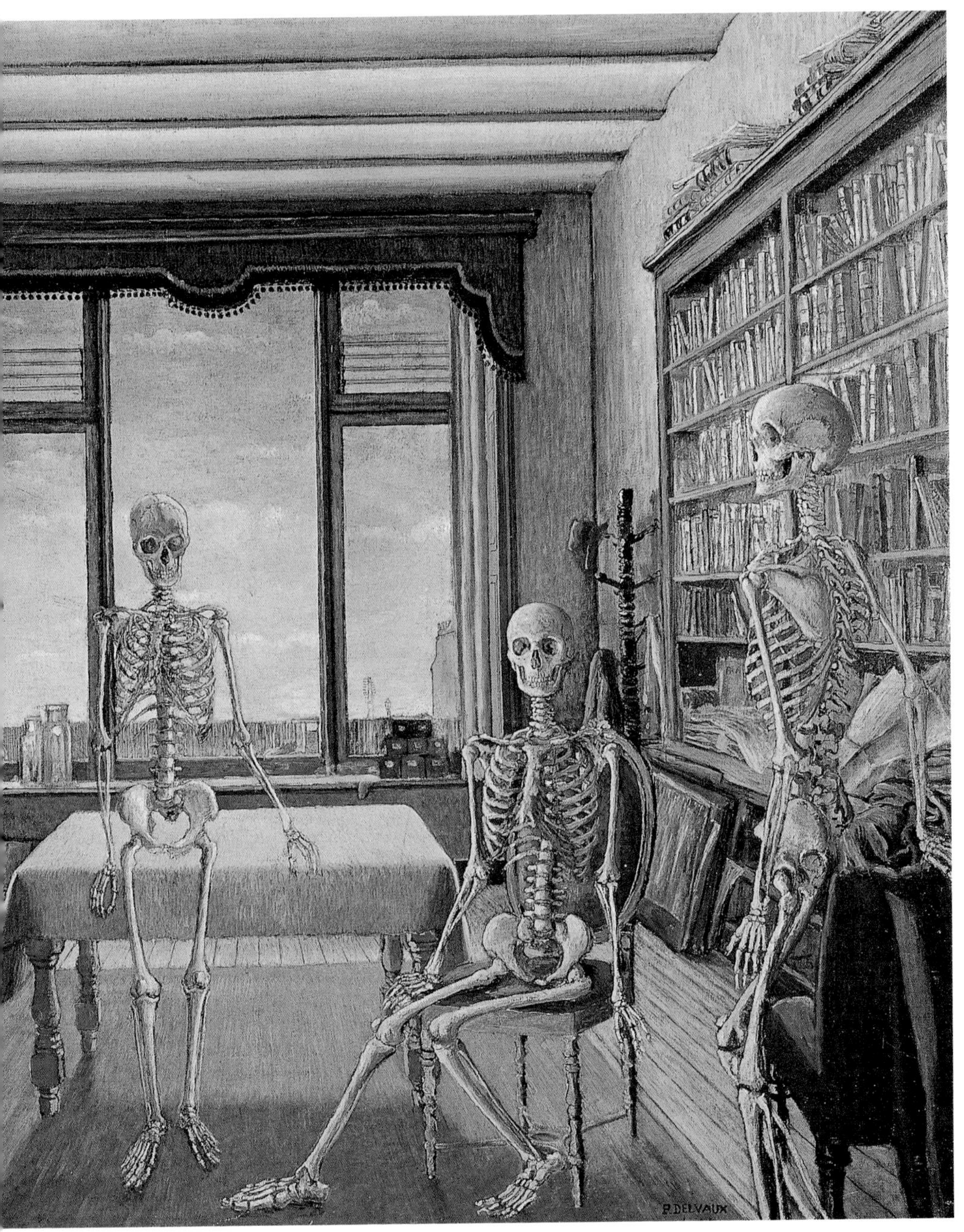
P. DELVAUX

PLATE 83

潘玉良

1895-1977

持扇自畫像

1939 年
油彩畫布
91×64cm（右圖）

臨窗自畫像

1945 年
油彩畫布
73×59cm（右頁圖）

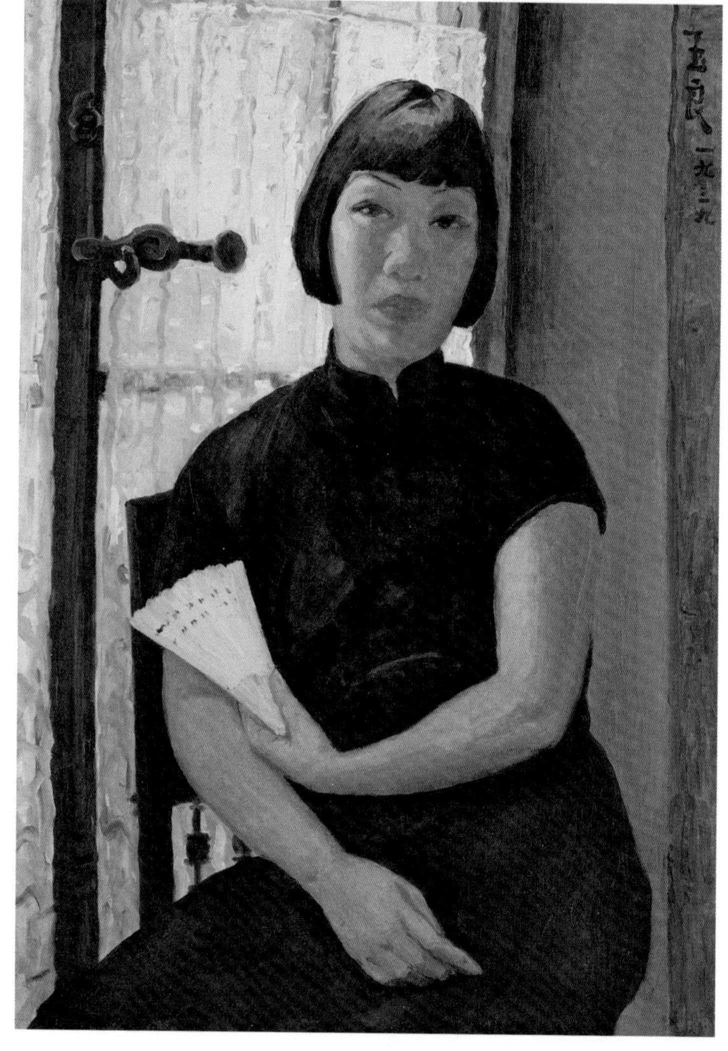

潘玉良一生中畫過許多自畫像，雖然年輕時遠赴法國與義大利習畫，回國十年後又再度赴法，從此長居四十年直至過世。但僅從她的自畫像中就可看出，中國元素並未由她的畫中消失；毋寧說，反而像刻意凸顯似的，自畫像中的她，經常身穿旗袍，婉約的姿態與神情無不強調著東方女性的嫻靜美，隱約可見的細描手法也使油畫色彩透出細膩的東方情思，東西方的繪畫傳統在這裡展現完美的共鳴，同時也透露了客居異鄉的潘玉良做為一位畫家的堅毅

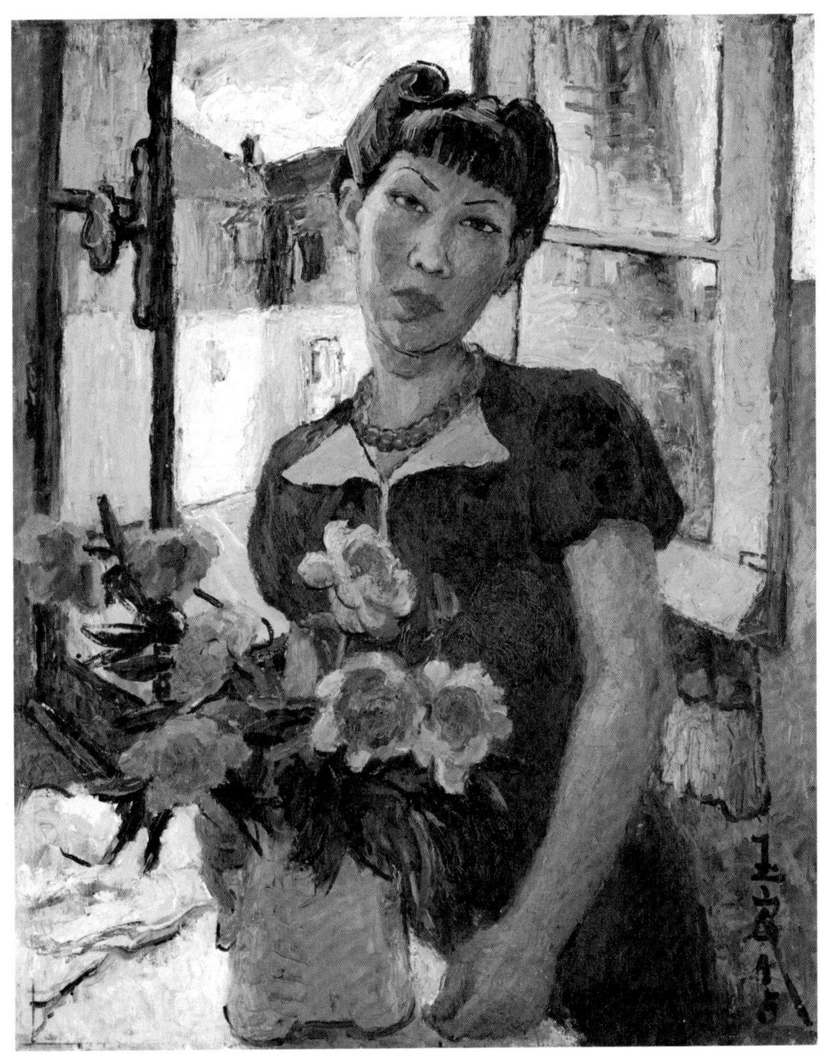

性格。

這兩幅畫均是潘玉良1937年二度赴法之後所作。〈臨窗自畫像〉中的她身穿洋裝，手扶著一個插滿月季花的花瓶站在有些逆光的窗前，窗戶紓解了室內的濃重色彩，也給予了畫面較寬闊的視野。類似的構圖也出現在〈持扇自畫像〉中，只是這裡窗戶並未開啓，但透進窗戶的天光為烏黑的衣著與頭髮提供了明亮的平衡。兩幅畫中的潘玉良都面無笑容、眼神若有所思，或可予人揣測她當時心境的些微線索。

洛克威爾

Norman Rockwell,
1894-1978

紐約中央火車的餐車客

1946 年
油彩畫布
96.5×91.4cm
洛克威爾美術館
1946年12月7日《週六晚報》封面

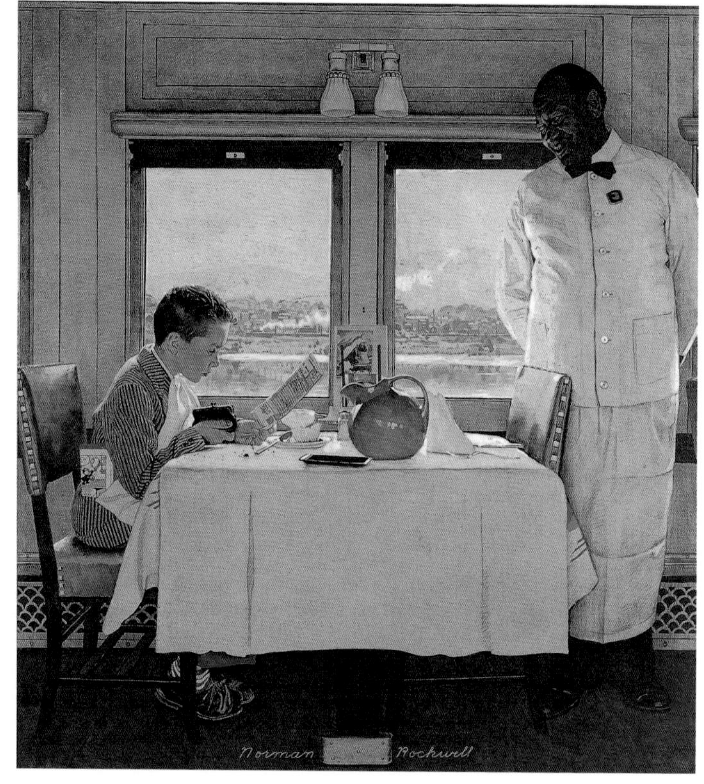

這幅做為1946年12月7日《週六晚報》封面的畫，描繪一個小男孩在火車的餐車廂內用餐完後，計算小費的一景。小男孩穿西裝梳油頭，有著小大人的世故外表，卻拿著荷包磨蹭老半天的天真模樣，想必當年讓很多人捧著報紙發笑；仔細看，他的口袋裡還塞著漫畫呢，這幅景象把等著小費的黑人侍者都逗笑了。

從1916年開始在這家晚報上刊登作品即廣受歡迎的洛克威爾，就是有辦法把平凡的生活場面描繪得生動活潑，彷彿美國家庭時時都處在歡笑中似的。他的面子也大得很，此時他已是家喻戶曉的人物，為了把這幕場景搬上畫布，紐約中央火車公司特地把一輛開往阿爾巴尼的餐車調到紐約市來，讓畫家十歲的兒子坐著當模特兒，不料車子太新，只好換一輛舊車，再換掉三個侍者，才讓畫家滿意。為了表達感謝，洛克威爾特地把火車公司的一輛新型火車頭畫進餐桌上的明信片裡，據說這輛列車後來的業績飆高了一萬美元。

PLATE 85

霍伯（Edward Hopper, 1882-1967）

清晨七點　1948 年　油彩畫布　76.2×101.9cm　紐約惠特尼美國藝術博物館

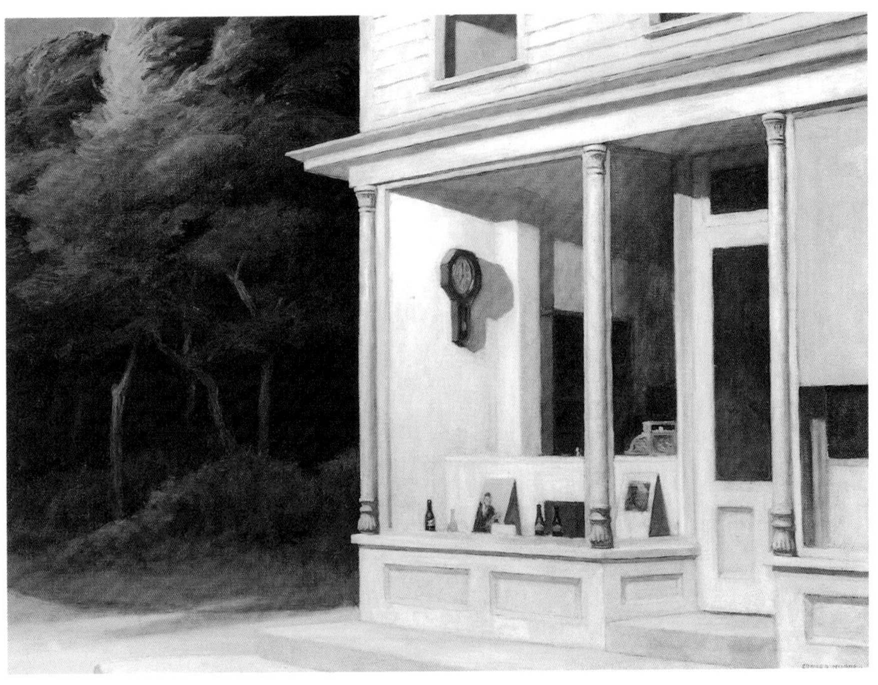

若說洛克威爾呈現出了 20 世紀前半美國家庭洋溢歡笑的陽光面，霍伯所描繪的就是在這歡笑底下，美國現代生活的孤寂與空虛。這個貫串霍伯整個生涯的主題，在此作中也有跡可循。此時的霍伯已是公認最能表現當代都會生活心境的美國畫家，1942 年描繪一間餐廳夜景的〈夜鷹〉，更因精準道出了人與人之間的疏離而成為其代表作。不過霍伯不僅能透過一群毫無交集的夜間用餐者表達主題，〈清晨七點〉就把注意力放在清晨時分的一間房屋上，讓空屋的寂寥也傳達出主題。

清晨七點，似乎該是一家人圍坐在餐桌旁吃早餐閒聊的時刻，但透過畫中的窗戶，我們卻只能見到屋裡空置的書架、模糊的擺設，此外就是一片幽暗。門外的座檯上散置著幾隻瓶子和圖畫，顯示此處尚有人居，只是不見蹤影。在這個僵局裡，指著七點整的時鐘顯得格外搶眼、甚至刺目──霍伯巧妙地將這座時鐘置於全畫中心及光線最亮處，使得畫中唯一活動著的這個物體，成為諷刺地點出主題的焦點。

PLATE 86

巴爾杜斯（Balthus, 1908-2001）

房間

1952-54 年
油彩畫布
270×330cm
私人收藏

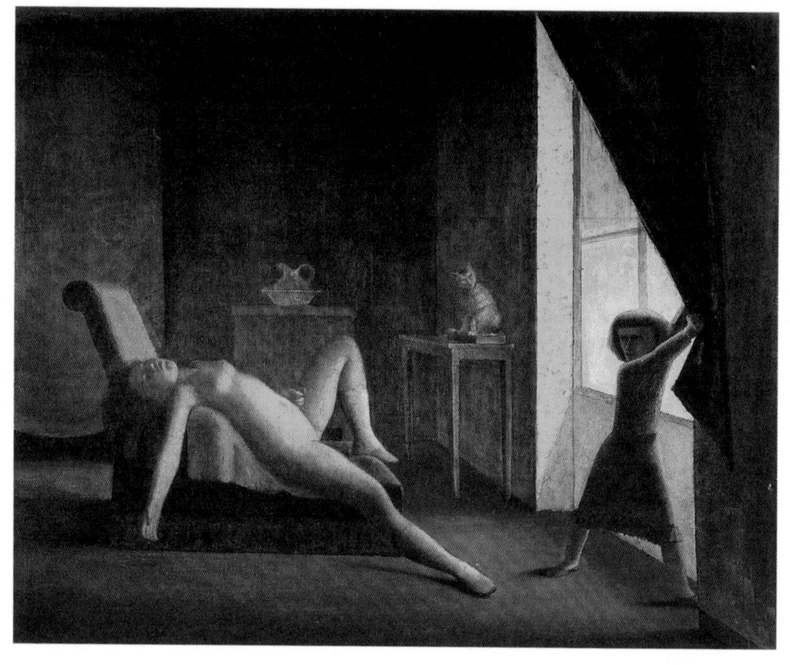

巴爾杜斯對窗戶似乎情有獨鍾。窗戶在傳統上經常做為一種打開視野、同時將景觀納入人為框架的方式，但因畫作的情色成分屢屢惹人非議的巴爾杜斯，想法卻可能沒這麼簡單，尤其據說巴爾杜斯對精神分析理論與薩德（Marquis de Sade）的作品十分有興趣，與法國精神分析大師拉岡（Jacques Lacan）也有往來，後者還蒐藏了不少他的畫，說明從潛意識來測度巴爾杜斯畫中的謎樣氛圍，也許是個可行的方法。

巴爾杜斯在 1940 與 50 年代曾畫過幾幅與〈房間〉類似的景象，但沒有一幅如這幅〈房間〉一樣富於戲劇性。一名昏沉入睡的裸女雙腿大張地面向窗戶躺倒，另一名面容嚴峻的女孩卻用力拉開窗簾，讓窗外的強光整個落在裸女身上，窗簾形成的斜線和裸女從身體到腳尖的曲線恰成平行，加上拉開窗簾的力道，突顯了這股強光不留餘地的侵略性。窗戶在此顯然是揭露的象徵，只是渾然不覺酣睡的裸女，讓揭露的對象懸而未解：究竟這個場景表現出了裸女的潛意識，還是畫家心底的慾望？這個爭議始終圍繞著巴爾杜斯的許多畫作。

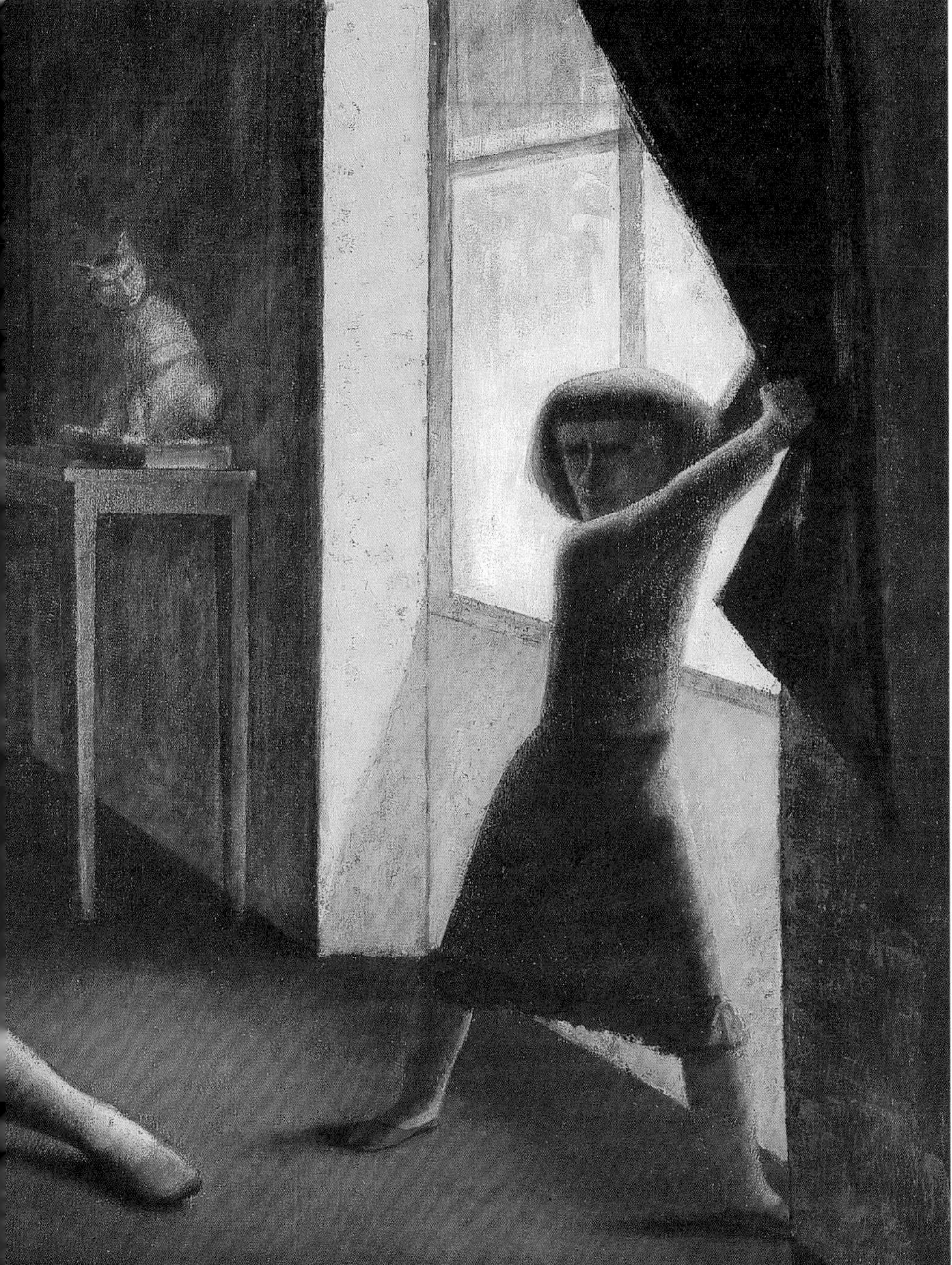

達利 (Salvador Dali, 1904-1989)

最後的晚餐

1955 年
油彩畫布
167×268cm
華盛頓國家畫廊

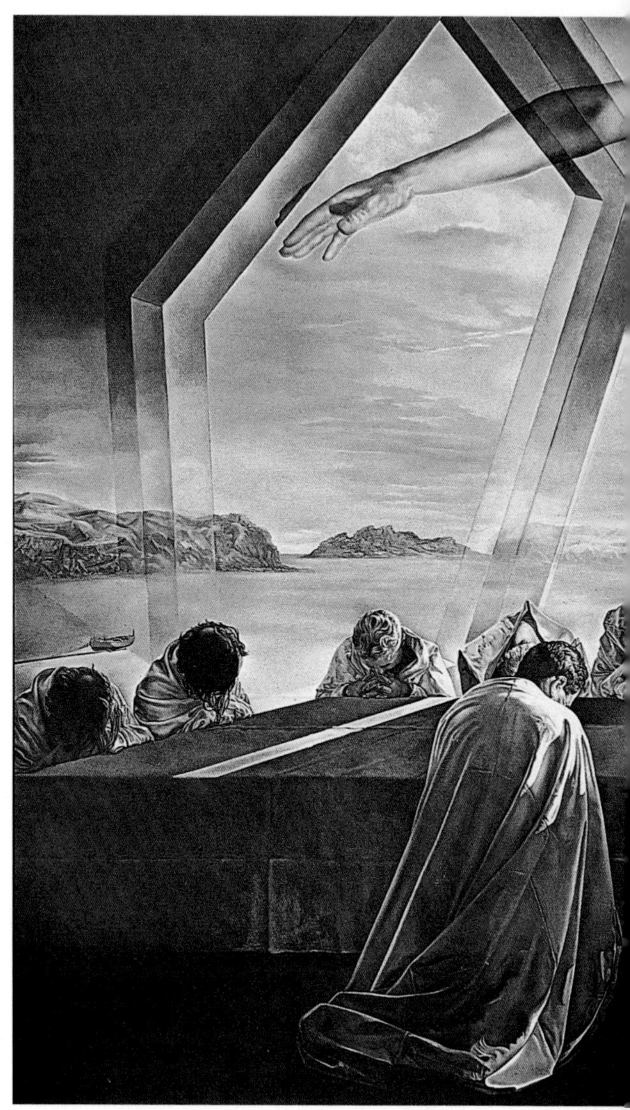

最後的晚餐是指基督教《聖經》中所記載：耶穌被釘十字架的前夕，與十二門徒舉行最後一次晚餐的情景。耶穌於這次晚餐中建立了「聖體聖事」（聖餐禮）。這個題材常被歷代西方藝術家用來作畫或雕刻。

超現實主義大師達利是 20 世紀西班牙重量級大畫家，他在 1950 年後改信天主教，並以超現實主義的繪畫技法重繪宗教藝術經典，作品總帶著神祕及不可思議的感覺。這幅作品就是他在 1955 年完成的宗教藝術氣氛濃厚的繪畫。畫中出現教堂窗裡的使徒祈禱形象，中間的耶穌上方出現若隱若現的聖體，窗外流露著聖光照映出山河天空雲彩，室內與室外融為一體的神聖空間。達利充分掌握住超現實氣氛的描繪，成為一幅完美佳作。

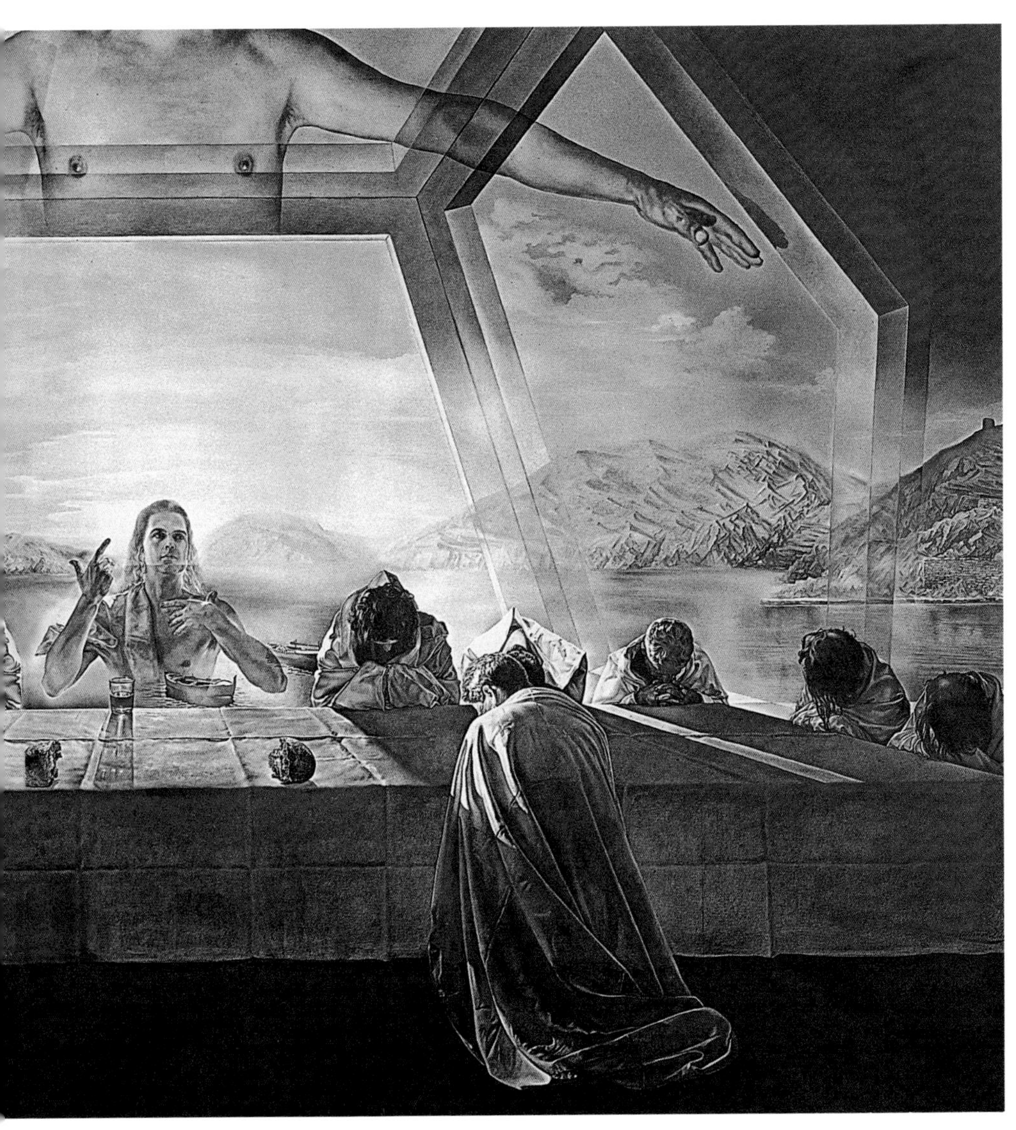

凡維佳德（Charmion von Wiegand, 1900-1983）

無題（窗邊的貓）　1958 年　油彩畫布　51.4×61cm　華盛頓女性藝術美術館

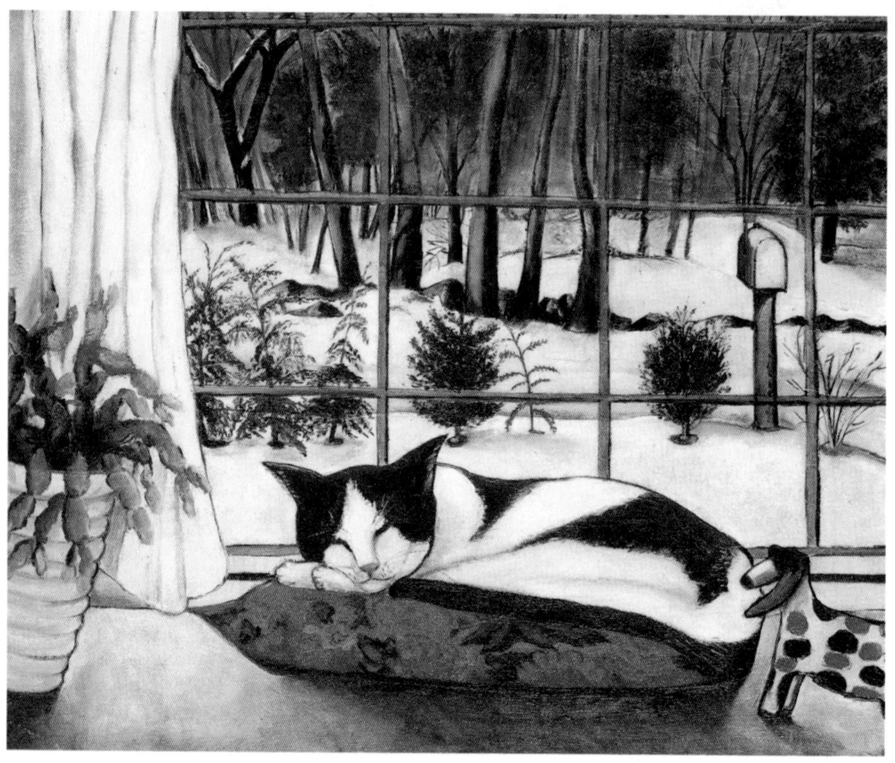

凡維佳德是一位自學成功的美國女畫家。她在 1926 年開始畫畫之前從事新聞工作，在 1929 至 1932 年被派往莫斯科擔任特派員，回到了紐約後，卻捨新聞記者工作而專心繪畫。1941 年凡維佳德與離開故國旅居紐約的荷蘭畫家蒙德利安（Piet Mondrian）交往，兩人在 1944 年蒙德利安去世前建立起親密友誼。她的畫也受到蒙德利安繪畫的影響，採取方格變化的造型。

這幅描繪格窗前一隻貓的畫，是她比較具象的作品。窗外一片皚皚白雪，小柏樹的綠葉呈現盎然生機；臥在窗前紅色軟墊上的黑白相間的貓睡得正甜，貓旁還有一隻玩具狗相伴。此畫在質樸帶有素人意味的自然景物中，顯出溫馨之情。

PLATE 89

魏斯（Andrew Wyeth, 1917-2009）

木製爐子

1962 年　乾筆、水彩、畫紙

34×66.7cm　緬因州范斯沃思美術館

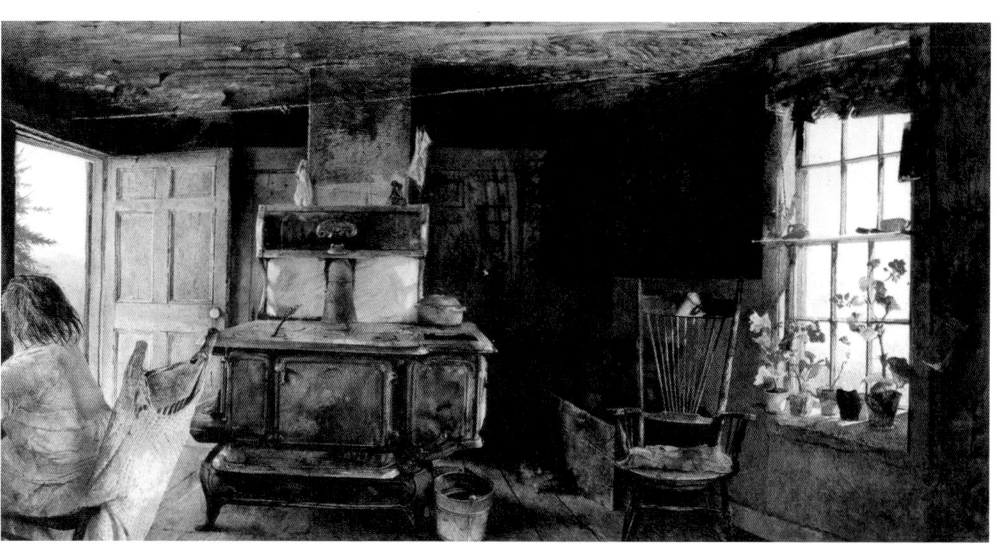

魏斯是個地方色彩濃厚的畫家，畫作中最常出現的牧場、樹林、草原和生活在其中的人們，全出自他的家鄉賓州查茲佛德，以及位於緬因州庫辛的夏季別墅附近，當時兩個小鎮人口各不過一百四十人和二十五人。雖然主題單一，魏斯的手法亦傾向寫實，但他卻能在平凡的景色、寫實的手法中注入細膩的情感，為筆下的人事物賦予一種綿長的韻味。

這幅畫的背景是魏斯緬因州別墅的鄰居歐遜家，魏斯一生中為歐遜家創作了將近三百幅素描、蛋彩畫和水彩畫，以女主人克麗絲蒂娜為主角的〈克麗絲蒂娜的世界〉更成為他的代表作，並使得歐遜家的房子被美國政府列為國家古蹟保存。

不過，魏斯不僅畫這棟房子中的人，也畫它的房屋和細節，這幅畫中所描繪的就是房中一景，其中位於中央的木製爐子、右方的木椅和左方椅背上的毛衣，特別能顯示出魏斯對光線效果的絶佳掌握。克麗絲蒂娜在畫中仍有現身，她的藍色上衣和窗檯的幾盆天竺葵，為一片棕色調的畫面帶來了鮮亮的點綴。

PLATE 90

魏斯（Andrew Wyeth, 1917-2009）

她的房間

1963 年

蛋彩畫板

62.9×121.9cm

緬因州范斯沃思美術館

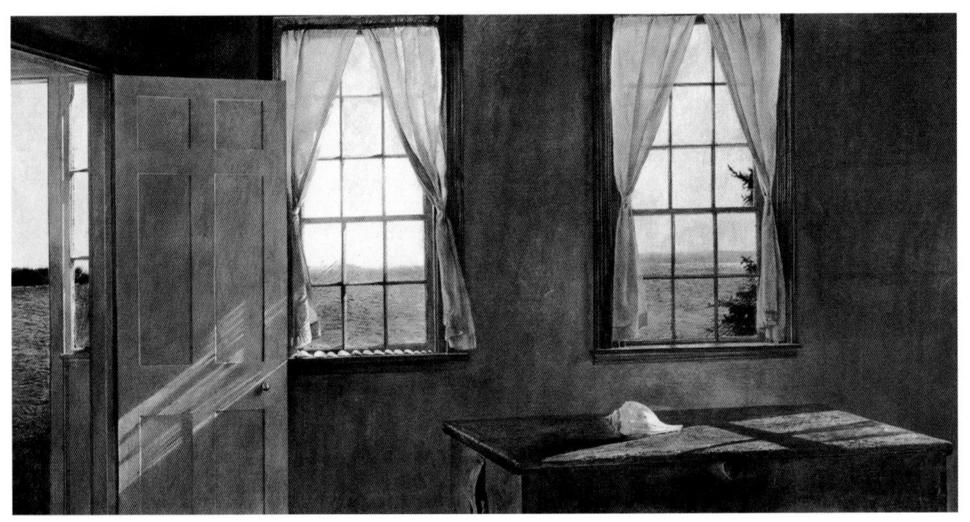

1964 年，緬因州的范斯沃思美術館以 6 萬 5000 美元買下魏斯的〈她的房間〉，這在當時可謂破天荒之舉，以往從來沒有美術館以如此高價買下一件在世藝術家的作品，可見魏斯在當時美國藝壇上的崇高地位。

這幅畫所描繪的是魏斯妻子貝西的房間，兩人結褵於 1940 年，此後六十多年，她既是魏斯的生活伴侶，也是他畫家生涯中的重要夥伴。

畫中房門敞開、窗戶透亮，屋內擺設簡單，顯示從四方透進的光線表現是整幅畫最活躍的重點。從右方射進的斜陽讓兩扇窗戶顯得一亮一暗，除了灑在門板上的陽光之外，桌上的陰影顯示畫面右方還有窗戶。窗戶不僅是光線的來源，也引進了窗外的遼闊景觀，桌上的貝殼則彷彿為這片景觀帶來了時間的流動與印記；在這裡我們還找到了魏斯的用色總帶有乾草色調的原因，這正是他的家鄉最常見的景觀，而他的細膩筆觸，更讓這片色彩透出幾許溫暖及詩意。

PLATE 91

魯卡遜

Reinier Lucassen, 1939-

仿克林格及羅森奎斯特的漢堡靜物

1969-70 年

油彩畫布

170×280cm（2 件組合）

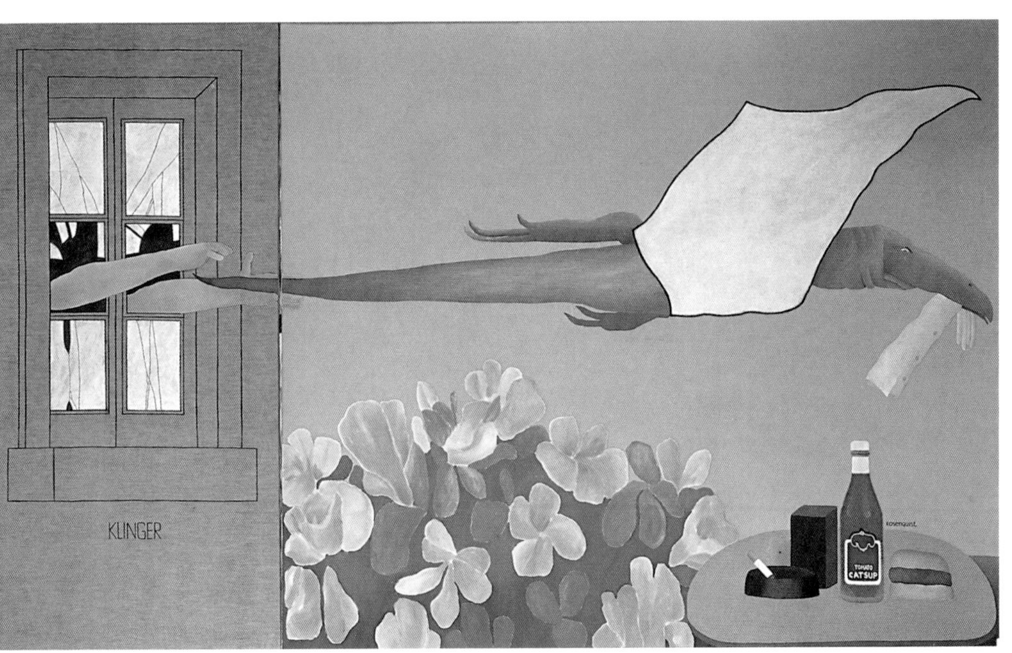

荷蘭藝術家魯卡遜是一位富於羅曼蒂克的現代藝術家，他的作品不拘泥於抽象或具象，主要題材專注於觀念的表達。他說浪漫主義的藝術家具有情動的必然性，夢想與觀念會驅使藝術創作，他的藝術是一種生命的造形、存在的造形。

這幅繪畫，是魯卡遜讚賞德國象徵主義畫家克靈加（Max Klinger），以及美國普普畫家羅森奎斯特（James Rosenquist）的畫風，融匯成他自己的作品。畫面左方寫著克靈加字樣的窗戶，雙手放出一隻巨鳥，而窗前右方的桌上畫出羅森奎斯特畫風的漢堡、番茄醬、菸盒等，在象徵性的意念裡注入了大眾文化的現實風景，構成了窗裡窗外夢幻虛實的趣味。

PLATE 92

弗洛伊德（Lucian Freud, 1922-2011）

帕丁頓的垃圾地與房屋

1970-72 年
油彩畫布
167.5×102cm
私人收藏

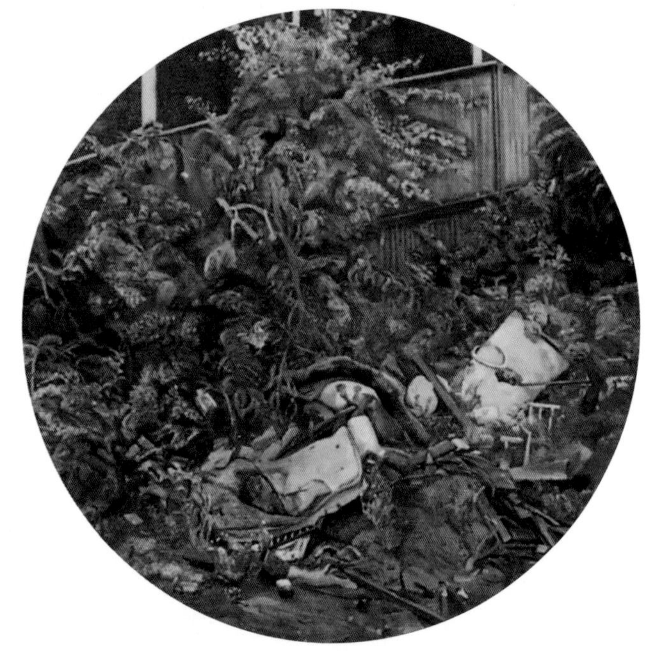

「一切都是自傳性的，一切都是肖像，連椅子也不例外。」弗洛伊德的這番話，最能夠用來解釋這幅全無人物、只有一片蕪雜垃圾與建築的畫。1970 年，弗洛伊德的父親過世，也許是和這有關，有一段時間他把目光由人物轉向畫室後窗的花草和景觀上，並在接下來的十五年為他的母親作了一系列的畫。

1970 至 1972 年，弗洛伊德注意到了帕丁頓畫室後方的一塊畸零地，附近的鄰居常把廢棄的物品丟在那兒，沒想到的是，這些瓶瓶罐罐、木板、紙箱、床墊、地毯、雨傘等雜七雜八的廢棄物，有些還夾纏在傾倒或歪曲的樹木間，竟然奇妙地產生出某種生活的氣味來，彷彿這片垃圾地是個在鐵片、高牆的圍護中，收藏著各種生活片段的密閉空間。

這張用極細膩寫實的筆觸刻畫的作品，畫中的建築物開著大大小小許多窗戶，像是無形的眼，窺探著隱密不為人知的城市空間，就像畫家肖像畫中的人物內心，被挖掘出來呈現在人們眼前。

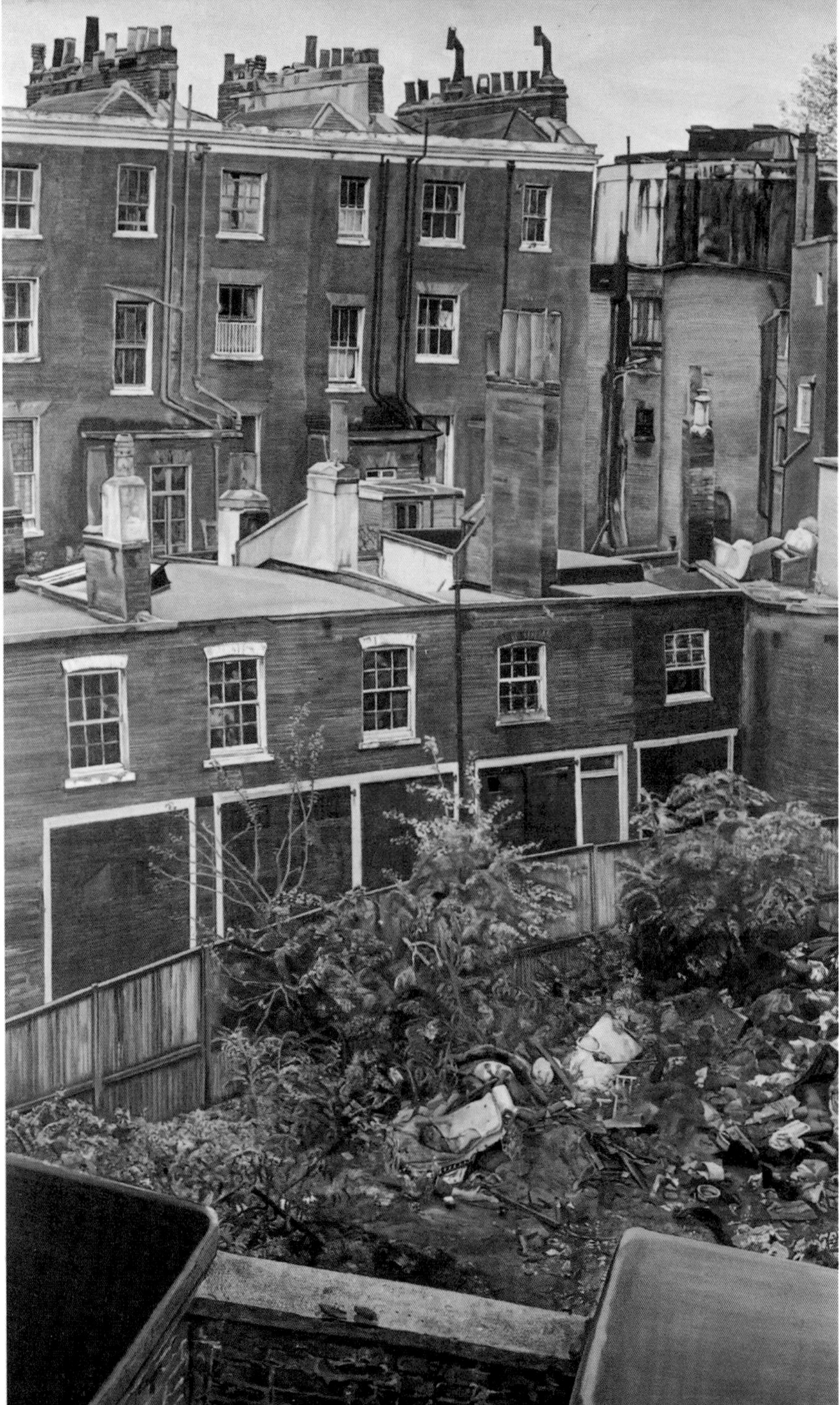

霍克尼（David Hockney, 1937-）

克拉克夫婦與佩絲　1970-71 年　壓克力顏料畫布　213.4×304.8cm　倫敦泰德美術館

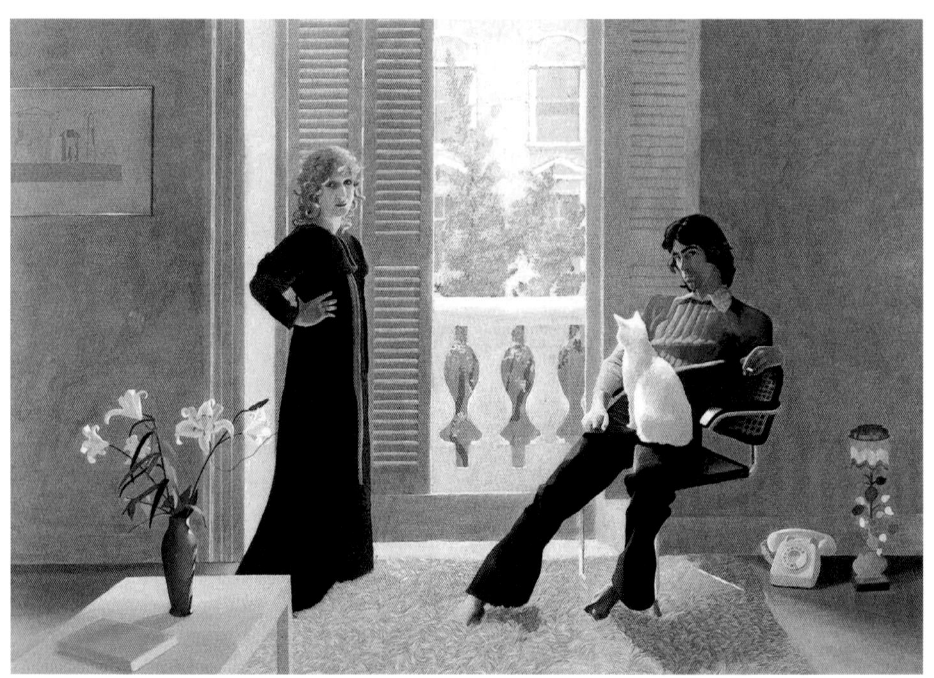

此畫描繪的是霍克尼的一對時裝設計師朋友，那時他們新婚不久，做為好友的霍克尼不僅當男儐相，還作了此畫祝賀。畫中除了克拉克夫婦之外，還有兩人的愛貓，不過貓的名字其實不是佩絲，而是布蘭琪，畫家覺得另一隻貓的名字比較適合用作標題，所以就挪用了。

這幅畫看似立意簡單，卻隱藏了霍克尼對這對夫妻的些許觀察。整幅畫的構圖略有凡艾克〈阿諾菲尼夫妻的婚禮圖〉的影子，只是這裡夫妻倆的位置相反，而且克拉克坐著，人矮了一截，顯示夫妻關係裡瑟莉亞似乎較為強勢。靠近瑟莉亞的百合除了象徵純潔，也是聖經中天使報喜的象徵，瑟莉亞懷有身孕一事在這裡暗示了出來；克拉克腿上的貓，則向來是不貞的象徵。牆上的畫最能做為兩人關係的註解，這是霍克尼仿 18 世紀畫家霍加斯（William Hogarth）的系列組畫〈浪子生涯〉其中的一幅，名為〈遇見好人〉。據說克拉克個性不羈，婚後仍拈花惹草，所以這段婚姻維持不過幾年就破裂了。

PLATE 94

魏斯（Andrew Wyeth, 1917-2009）

白日夢　1980年　蛋彩畫　47.3×68.2cm　私人收藏

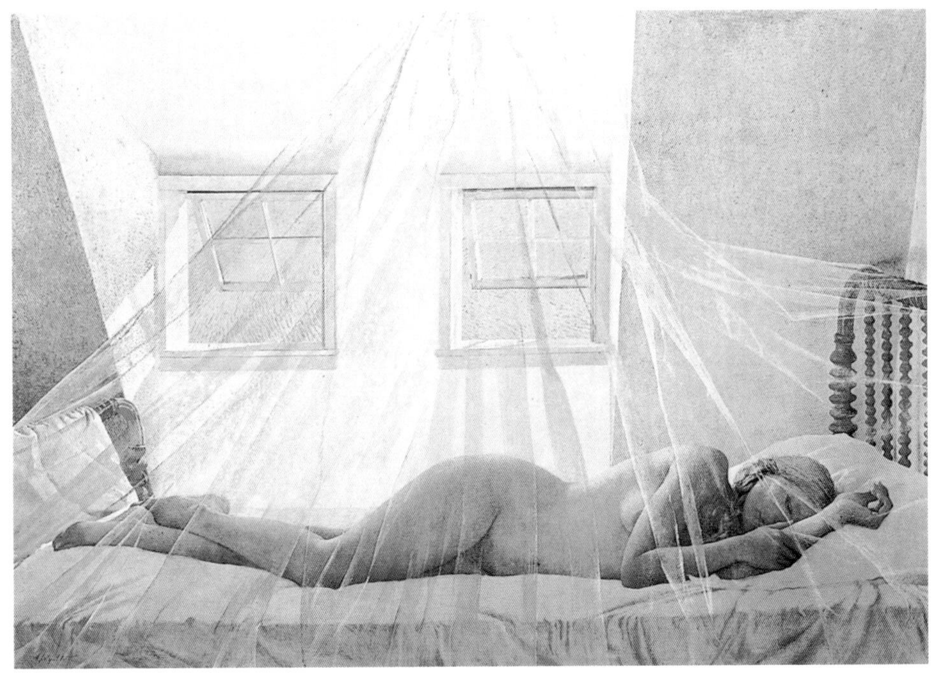

魏斯喜以蛋彩作畫，他認為「純正的蛋彩畫含有一種隱喻的特性，它沒有油畫的光澤，而帶有乾枯的質地」，這種質地正適合用來表現他眼中所見的大地色彩與牧人生活。他也曾自言，自己的畫雖然總是被歸類為寫實主義畫作，但他卻不這麼以為，理由是他對自己描繪的對象總是懷有深厚的情感，那種「強烈羅曼蒂克的想像」為寫實的外表帶來了值得咀嚼的深意。

從〈白日夢〉對女體的細膩刻畫來看，魏斯在蛋彩上的造詣著實出神入化。薄紗輕拂下，柔光中若隱若現的女體顯現格外地美，而薄紗後的兩扇窗，則宛如一雙隱藏的眼，暗合此畫背後一段隱藏多年的祕密，它屬於1970至1985年間魏斯為一位名為赫爾嘉的女性所畫的二百多幅畫之一，但直至80年代魏斯才將它們公諸於世，連妻子都被蒙在鼓裡。耳語外，之後論者多認為這批畫的筆觸溫潤有力，為魏斯的畫作展示了新的情感面向。

PLATE 95

巴爾杜斯（Balthus, 1908-2001）

畫家與模特兒

1980-81 年

酪素蛋彩畫布

226.7×233cm

巴黎龐畢度中心國立現代美術館

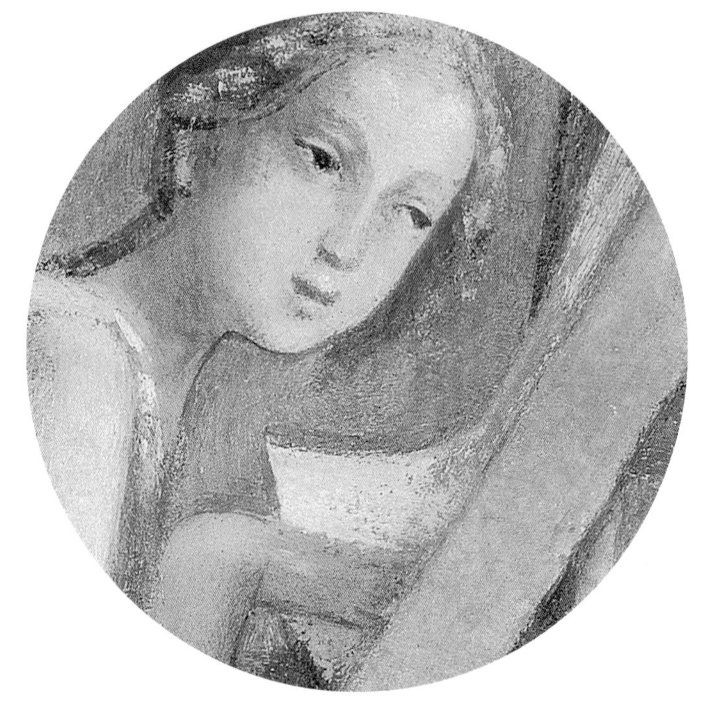

這幅畫完成的時間約在 1980 年，但畫中主角，據信是巴爾杜斯擔任羅馬法蘭西學院院長期間，他住於學院所在的梅迪奇莊園的廚師女兒——米契琳娜。巴爾杜斯自 1968 年開始以米契琳娜和她的妹妹卡緹亞為模特兒作畫，直到他 1977 年離職才停止。

畫中，巴爾杜斯為女孩安排了在他以往畫中常見的跪姿，有趣的是，右方拉開窗簾的畫家，恍然有他早期〈房間〉等一連串畫作的構圖影子，只是此畫中的女孩既沒有裸露，也沒有陷入幻夢，一襲鵝黃色洋裝的她，正津津有味地盯著手邊的畫冊看。有學者認為，這幅畫或許代表七十來歲的巴爾杜斯已決定寄心宗教，不再盯著少女瞧，證據是畫中蒙頭不看少女的畫家，看似轉向窗外，但窗框形成的十字架形狀，正是不折不扣的宗教象徵。

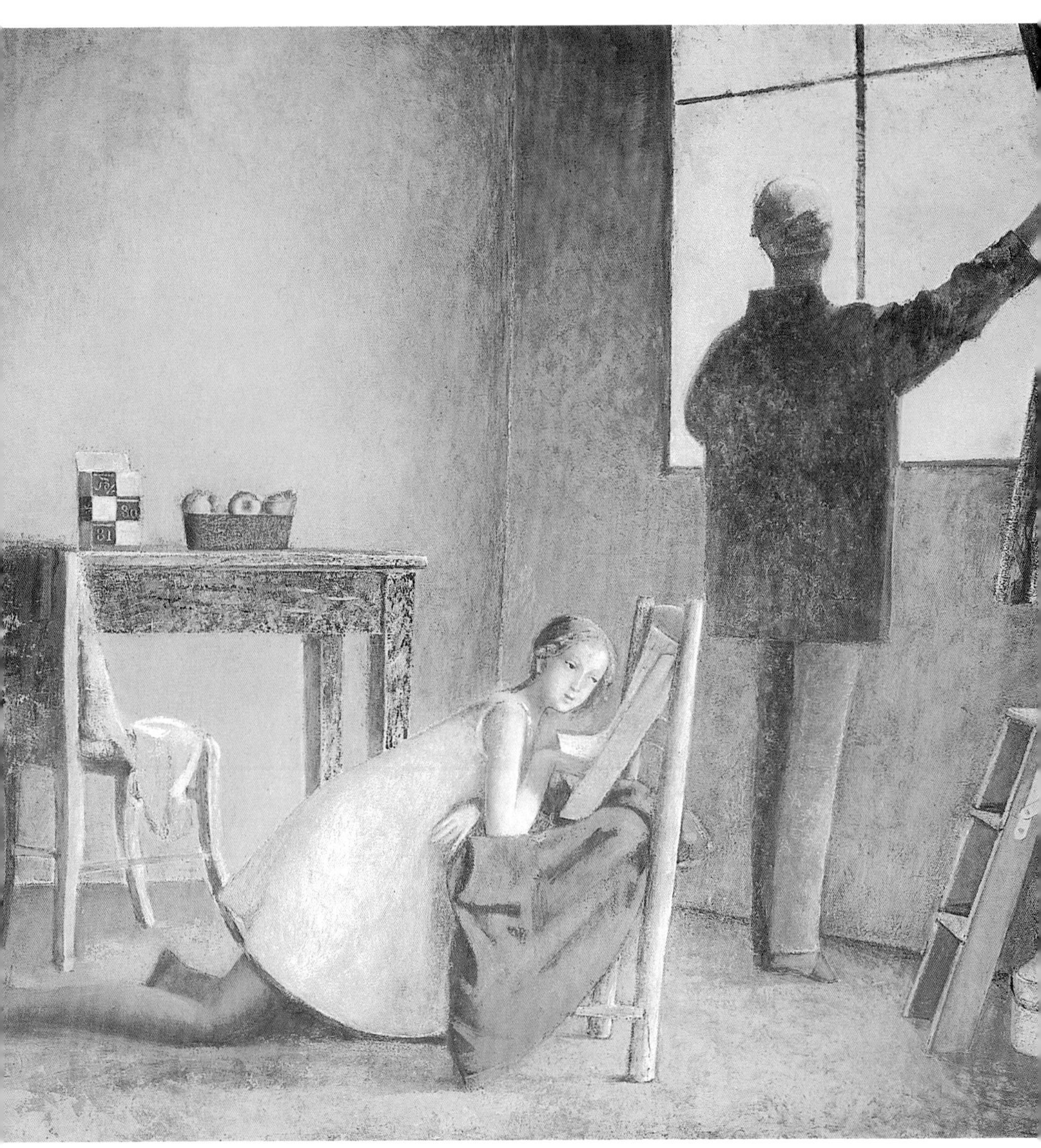

PLATE 96

巴爾杜斯

Balthus, 1908-2001

睡夢中的裸女

1980 年
酪素蛋彩畫布
200.7 × 149.9cm
私人收藏

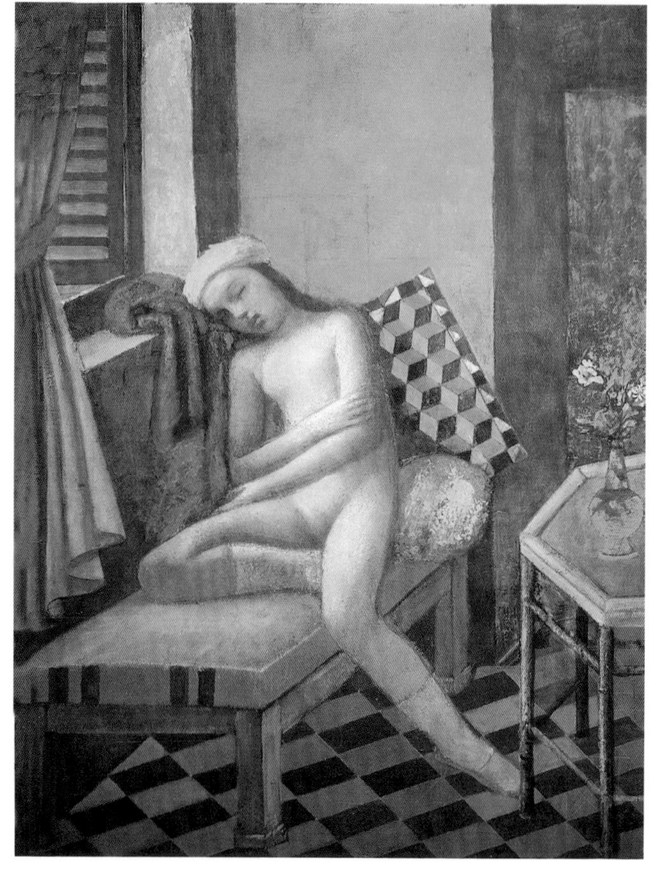

巴爾杜斯筆下半裸或全裸的女性經常沉沉入睡，或似夢半醒，彷彿這整個場景是場夢境，不經意地泄露了她（或畫家）的心事，如〈夢〉、〈有四個週四的一週〉等，從畫作標題似乎就透露了是白日幻夢；但有時巴爾杜斯會將她們放在窗前，如此一來，窺視的慾望就似乎轉嫁給了大自然，她們的春光外洩，在無人在場的天光下就更理所當然了。

少女是巴爾杜斯最喜愛的題材之一，入浴的少女、睡夢中的少女、照鏡的少女……，在畫家的作品裡隨處可見。這幅畫的主角也是少女，除了鞋襪以外，一絲不掛的她在窗邊酣然入睡，渾然不知從敞開的窗戶投入室內的光線，已把她的裸體毫無保留地曝露在畫家和觀者面前了。在身後和地板的方塊圖案襯托下，少女的裸體顯得格外潔白無瑕。

PLATE 97

弗洛伊德

Lucian Freud, 1922-2011

兩個愛爾蘭人在W11畫室

1984-85 年
油彩畫布
172.7×141.6cm
私人收藏

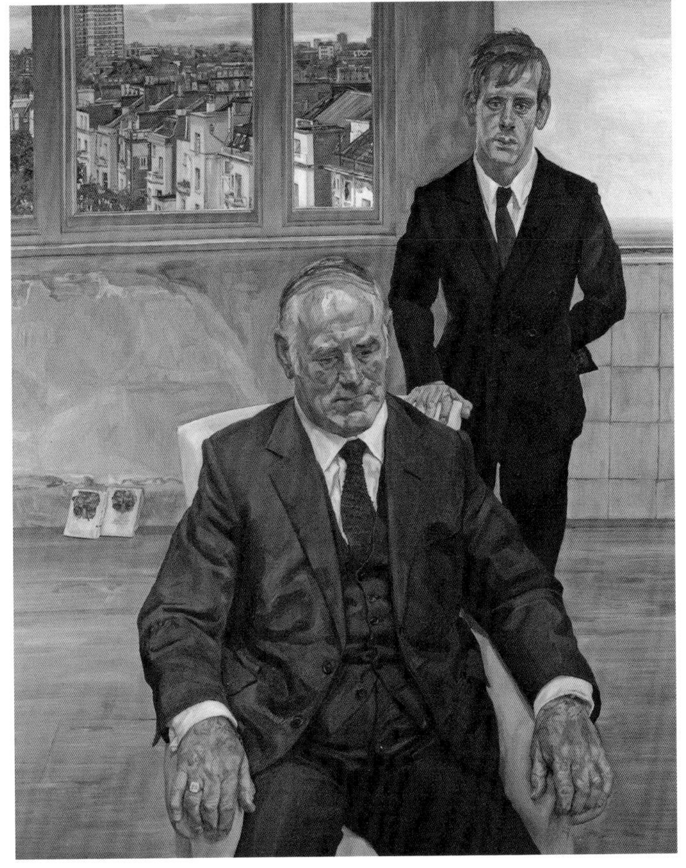

看似單調的室內，一老一少身著深色西裝，像黑幫電影裡的人物一樣擺出談生意的姿態，老人右手無名指上的金戒指和年輕人背著手的模樣，加深了這個印象；但是相對於看著觀者方向的年輕人，老人表情嚴肅，彷彿不曉得眼睛該放哪兒好似的，目光直投前方，這一對面無笑容、似無交集的老少組合，在窗外綿密被刻畫出來的城市街景襯托下，顯得格外僵硬而尷尬。

據説弗洛伊德作一幅畫時，會要求他的模特兒全程參與，也就是説，即使已畫到人物以外的部分，他仍然會要求模特兒在場，他認為如此一來，他才能完全潛入人物的內心，而這整個過程也經常延續數個月之久。他的畫總是以真實人物為主角的，如畫中的兩人，其實是以賭場為業的一對愛爾蘭父子，兩人先前曾分別出現在弗洛伊德的素描或畫作中，老人被稱作「大人物」，兒子則和兄弟一起出現在畫作〈阿爾斯特兄弟〉裡，但到這裡才顯示出其家族關係。也許弗洛伊德是想藉由畫中人物微妙的姿態與表情細節，道出這對父子之間的緊繃關係。

PLATE 98

波特羅（Fernando Botero, 1932-）
窗前婦人

1990年 油彩畫布 194×121cm 私人收藏

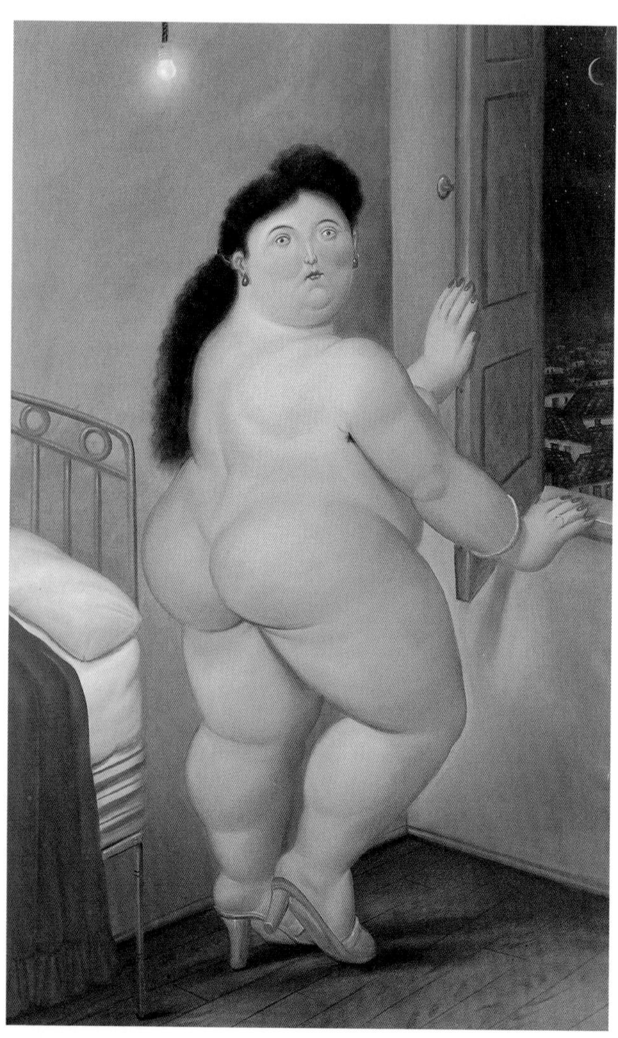

繁星點點的夜空下，有位臨窗望月的裸女，想來應是惹人遐想的一幅畫面，但如果這名裸女不但肉呼呼、胖得像氣球一樣，腋下還露出一點毛來，恐怕就會讓人大呼掃興。

哥倫比亞畫家波特羅筆下量感十足的人物，每每讓人望而發笑，他們像是西方藝術史上的一帖清涼劑，紓放了人們對於人體美的嚴苛目光；然而，究竟波特羅為什麼要把每個人畫得這麼胖呢？面對衆人的疑問，他的回答是「沒有理由」。不過由於他對圓胖造型不離不棄的愛好，反倒成為他繪畫風格上的註冊商標。

撇開波特羅對圓胖人物的喜愛不談，他畫作中的明亮色彩與圓潤質感、構圖的自信與穩當，在在顯現出波特羅天生的畫家感性；換個角度來說，他的大號人物也特別能將這些優點凸顯出來。

波特羅

Fernando Botero, 1932-

仿作凡艾克〈阿諾菲尼夫妻的婚禮圖〉

1997 年
油彩畫布
134×107cm
私人收藏

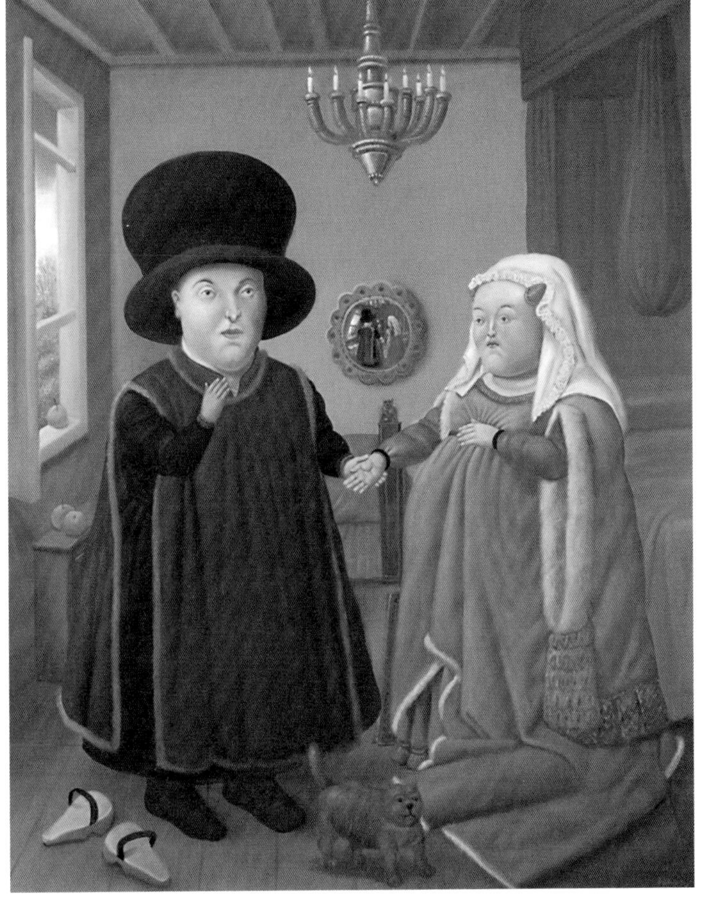

波特羅的畫中人物，每個都可以說是正常人的「充氣版」，多產的他又喜歡把藝術史上的名畫重畫一遍，所以達文西的蒙娜麗莎也好、法蘭切斯卡的公爵夫人也好、維拉斯蓋茲的宮廷仕女也好，到了他筆下，全都變成了胖嘟嘟、圓滾滾的人物。

這幅畫是 15 世紀尼德蘭畫家凡艾克〈阿諾菲尼夫妻的婚禮圖〉的仿作（見圖 1），把原畫簡化許多的這幅畫中，兩個五短身材的新人無疑最引人矚目，兩人跟前的小狗也健壯了許多。但波特羅的幽默還不止於此，兩只鞋子的方向倒反了過來，男士頭上的禮帽也變得超大，於是原畫凸面鏡中的證婚人倒影，也就這麼被遮去了。波特羅這類畫作與其說是「仿作」，不如說是對大師名畫的現代新詮，原本凡艾克畫中婚禮一派莊嚴肅穆、雍容華貴的氣氛，至此被拆解得蕩然無存，取而代之的卻是幽默喜趣。

PLATE 100

弗洛伊德（Lucian Freud, 1922-）
大室內，諾丁山丘

1998 年
油彩畫布
215.1×168.9cm

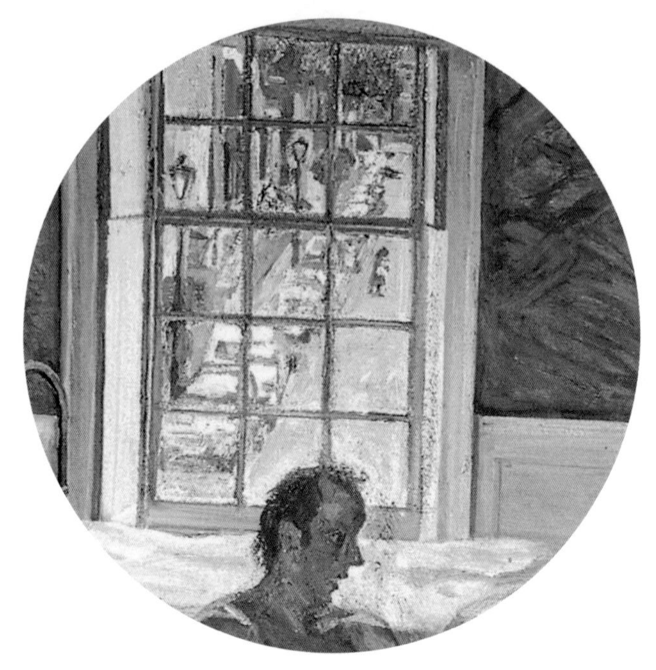

「人」始終是弗洛伊德繪畫生涯中的最大主題，這點大概是他和祖父（鼎鼎大名的精神分析大師弗洛伊德）最相近的地方。弗洛伊德一般都被視為英國畫家，但其實他出生於柏林，1933 年才隨家裡移居倫敦，1939 年取得英國國籍。早年他的風格偏向超現實主義，或許是受了培根（Francis Bacon）表現主義的手法影響，1950 年代開始出現轉折，畫面明朗起來，線條也變得有力，隨著風格趨於成熟，他那種畫出肉顫顫皮膚質地的厚塗手法，成為往後他人物畫的著名商標。

為了真正畫出人物的內心，弗洛伊德的畫總是以真實人物為主角，但偶爾也有特例。比如這幅畫後方在沙發上哺乳的人，模特兒原來是名女性，但不知何故被弗洛伊德換了性別，安上一位男性攝影師的頭；前方的老人則是一位英國書評，正讀著一本書皮略破的法國作家福樓拜的書信集。兩人之間從舉動、畫面位置到身分全無交集，而一名裸體男性平靜哺乳的古怪畫面，竟還有窗外靜謐平和的街景做為襯底，這幅景象讓最為雄辯的藝評家也不禁咋舌，只好說弗洛伊德這回的玩笑開大了。

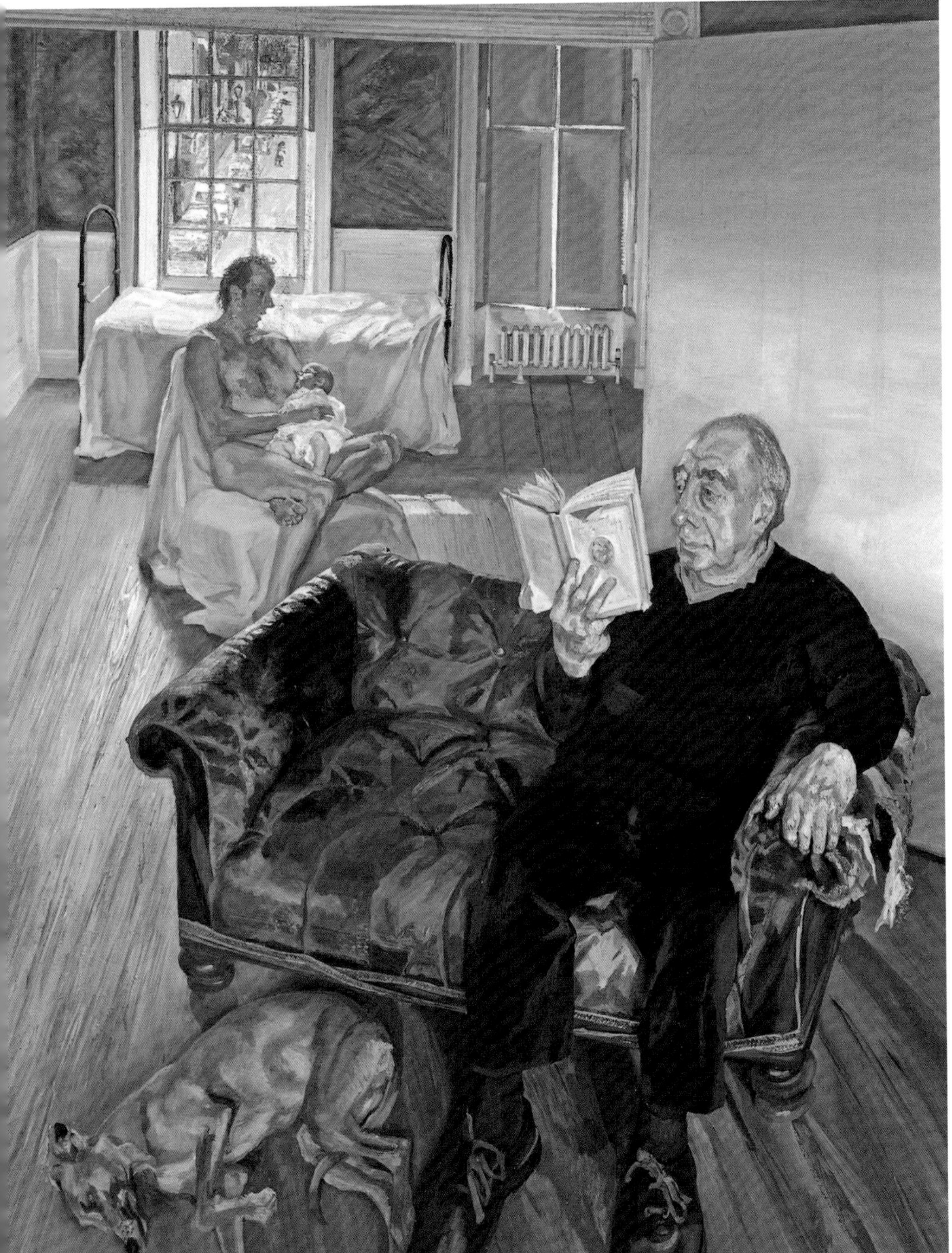

國家圖書館出版品預行編目資料

名畫饗宴 100── 藝術中的窗景
藝術家出版社／主編
王庭玫、謝汝萱／撰著 .-- 初版 .
-- 臺北市：藝術家，2011.11
144 面；15.3×19.5 公分 .--

ISBN 978-986-282-044-5（平裝）

1. 西洋畫 2. 畫論

947.5 100020669

名畫饗宴100 藝術中的窗景

藝術家出版社／主編
王庭玫、謝汝萱／撰著

發行人 何政廣
主編 王庭玫
編輯 謝汝萱
美編 張紓嘉
出版者 藝術家出版社
台北市重慶南路一段147號6樓
TEL：(02) 2371-9692～3
FAX：(02) 2331-7096
郵政劃撥 01044798 藝術家雜誌社帳戶

總經銷 時報文化出版企業股份有限公司
新北市中和區連城路134巷16號
TEL：(02) 2306-6842
南區代理 台南市西門路一段223巷10弄26號
TEL：(06) 261-7268
FAX：(06) 263-7698

製版印刷 新豪華彩色製版印刷股份有限公司
初版 2011年 11月
定價 新台幣280元
ISBN 978-986-282-044-5

法律顧問 蕭雄淋

行政院新聞局出版事業登記證局版台業字第1749號